I0052431

I N V E S T I G A Ç Ã O

I

IMPRENSA DA UNIVERSIDADE DE COIMBRA
COIMBRA UNIVERSITY PRESS

U

EDIÇÃO

Imprensa da Universidade de Coimbra
Email: imprensa@uc.pt
URL: http//www.uc.pt/imprensa_uc
Vendas online: http://livrariadaimprensa.uc.pt

COORDENAÇÃO EDITORIAL

Imprensa da Universidade de Coimbra

CONCEÇÃO GRÁFICA

António Barros

IMAGEM DA CAPA

Photo by Negative Space

INFOGRAFIA

Mickael Silva

PRINT BY

CreateSpace

ISBN

978-989-26-1071-9

ISBN DIGITAL

978-989-26-1072-6

DOI

http://dx.doi.org/10.14195/978-989-26-1072-6

DEPÓSITO LEGAL

406177/16

ACCOUNTABILITY NO TERCEIRO SETOR EM PORTUGAL

Perspetivas, desafios
e oportunidades

ANDREIA FILIPA GOMES RUELA
CRISTINA PINTO ALBUQUERQUE

IMPRENSA DA
UNIVERSIDADE
DE COIMBRA
COIMBRA
UNIVERSITY
PRESS

SUMÁRIO

Índice de Figuras e Tabelas

LISTA DE SIGLAS

CATL	Centro de Atividades de Tempos Livres
ICNPO	*International Classification of Non-Profit Organizations*
IPSS	Instituição Particular de Solidariedade Social
ONG	Organização não-governamentais
OTS	Organizações do Terceiro Setor

AGRADECIMENTOS

O trabalho que aqui apresentamos é produto de um processo de reflexão iniciado em 2010 que contou com o contributo de diversas pessoas e organizações, a quem queremos expressar o nosso profundo agradecimento pela partilha e aprendizagem que nos proporcionaram.

Em primeiro lugar, agradecemos a todas as pessoas que fazem parte do Grupo Repensar a Intervenção Social que inspiraram este trabalho e contribuíram para o seu desenvolvimento, através da sua narrativa e conhecimento privilegiado sobre o universo das Organizações do Terceiro Setor e, em particular, sobre a forma como os processos de *accountability* se expressam na prática.

Em segundo lugar, agradecemos a todas as pessoas que participaram no estudo empírico pela sua disponibilidade e abertura – aos profissionais e diretores da Associação de Melhoramentos de Eixo, do Centro Social Paroquial da Vera Cruz, da IPSS Florinhas do Vouga, da Fundação Padre Félix, do Núcleo Distrital de Aveiro da EAPN/Rede Europeia Anti Pobreza e aos técnicos de acompanhamento de respostas sociais do Centro Distrital de Aveiro do Instituto de Segurança Social, I.P.

O contributo de cada pessoa foi fundamental para enriquecer a nossa análise, sobre diferentes prismas, e para conduzir-nos na discussão sobre as diversas perspetivas, desafios e oportunidades que se colocam às Organizações do Terceiro Setor no que respeita aos processos de *accountability*.

PREFÁCIO

O debate sobre o tema da *accountability* mostra-se atualmente incontornável para os atores políticos, sociais e económicos com intervenção e responsabilidade na salvaguarda e promoção do bem público, distinguindo uma multiplicidade de abordagens teóricas e orientações empíricas que, no seu conjunto e de forma transversal, o focalizam como um imperativo inerente a uma "boa governação". No âmbito do Terceiro Setor esta reflexão surge particularmente ampliada, pela confluência de uma diversidade de dinâmicas reconhecidamente assumidas como desafios em torno da sua sustentabilidade, globalmente considerada.

Com efeito, a ocorrência de importantes transformações e reformas nas políticas públicas, associando a retração do Estado na provisão de uma vasta gama de serviços sociais, à redefinição das suas práticas de financiamento e contratualização com atores chave, considerados decisivos e capacitados para operacionalizarem serviços e políticas sociais, não se mostra alheia ao crescimento exponencial que vem evidenciando este setor desde a década de 80, indutor da sua revelada visibilidade e maior exposição ao escrutínio público por parte de diferentes *stakeholders*. Se por um lado estas dinâmicas de natureza externa contribuem para posicionar cada vez mais o Terceiro Setor como um parceiro influente e vital dos atores governamentais, acentuam igualmente as suas exigências, reclamando, eficácia e eficiência na sua *performance*, avaliação e monitorização da sua atividade, controlo e prestação de contas, transparência nas suas ações e responsabilização pela sua gestão, tendo em vista o cumprimento da sua missão. Resulta daqui, que a interiorização de uma cultura de *accountability* no seio das organizações se associa, no presente, à sua trajetória de desenvolvimento, inovação e sustentabilidade.

Não obstante a polarização de interesses e preocupações em torno desta questão, a sua abordagem por referência ao Terceiro Setor não se mostra uma tarefa linear e envolve elevada complexidade, atendendo à diversidade dos quadros analíticos que suscitam a atenção, muitos dos quais provenientes de reflexões oriundas das lógicas de gestão inerentes ao setor privado empresarial e ao setor público, e cuja simples transposição, a existir, desvirtuaria em absoluto, a especificidade do Terceiro Setor fortemente ancorada na sua missão, estrutura e processos de atuação.

Ainda que seja um conceito pouco preciso, porque demasiadamente amplo e frequentemente evocado como ideal abstrato, relacionado com significados de responsabilização e prestação de contas, o entendimento da *accountability* acoplada ao Terceiro Setor carece de ser perspetivado numa lógica compreensiva e integrada, traduzindo assim um constructo social e axiológico. A base de partida desta interpretação incide na relação entre *accountability* e Terceiro Setor, a qual se revela por natureza próxima e específica, desde logo, porque o elemento central da *accountability* remete para a confiança depositada no agente (para provisão de serviços de interesse público/bem-estar social) e para a expectativa da demonstração do cumprimento da sua função. Na sua essência as Organizações do Terceiro Setor mostram-se confiáveis e dotadas de capital reputacional (imagem pública e credibilidade), atendendo à sua missão (causas ou pessoas) e finalidade não lucrativa (comportamentos não oportunistas), revelando-se por conseguinte originariamente *accountable*. De igual modo, o ímpeto impulsionador ou vocacional do Terceiro Setor assenta na maximização de benefícios sociais e reprodução de valores coletivos, enquadrando-se a *accountability* para estas organizações como imperativo moral e legal para realizar atividades de bem-estar social, ou seja, o seu percurso de emergência e continuidade afirma-se muito por via da sua produção social e disseminação de resultados (reconhecidos como bem sucedidos), *i.e.*, pela sua capacidade de ser *accountable*.

De uma forma acrescida, os termos em que recai a articulação acima enunciada situam-se numa perspetiva relacional. Se por um lado a *accountability* é um conceito relacional, que remete para uma diversidade de relacionamentos entre atores, ou seja, entre organizações e *stakeholders* a quem são *accountable*, por outro lado, o Terceiro Setor ao ser configurado por estruturas organizacionais que não existem isoladamente, mas que se mostram inseridas em contextos, nos quais se interrelacionam, procurando influenciar as suas dinâmicas (sociais e económicas) e construir significados e sentidos partilhados, são o reflexo das relações, transações e contratos relacionais entre diferentes atores, obrigando-se a *multiple accountabilities*, *i.e.*, a reportar perante os mesmos, o seu comportamento, assegurando que vão ao encontro das suas necessidades, interesses e expectativas.

Se a predisposição do Terceiro Setor surge pois como evidente no que concerne à sua condição de ser *accountable*, os moldes em que se operacionaliza a *accountability* no seu âmbito, traduzem contudo o cerne da questão. Assumida como ideia estratégica e dinâmica já que assenta em múltiplas dimensões – diferentes atores; pluralidade de mecanismos para desenvolvimento da sua *performance*; diferentes níveis de resposta organizacional - a *accountability* reveste essencialmente uma forte utilidade prática, já que permite uma melhor compreensão e alcance dos objetivos e fins estratégicos das Organizações do Terceiro Setor. No quadro destas organizações, a missão define o seu valor e o quadro de referência para a sua atuação, constituindo assim o elemento fulcral na determinação dos processos e estratégias específicas de *accountability* a adotar.

Encontrando-se desenvolvidos os principais parâmetros sobre os quais incide a discussão sobre a *accountability*, mostra-se contudo ainda incipiente, a exploração teórica e empírica que permita aferir como se operacionaliza na prática a *accountability* no Terceiro Setor, comprometida com a sua missão. Este domínio de análise revela-se particularmente pertinente e reveste um caráter de urgência e pragmatismo, atendendo a que amplia o conhecimento relativo aos processos de *accountability* que melhor permitem alcançar e dar continuidade à missão organizacional, produzir resultados com valor social e facilitar a adaptação organizacional aos contextos em mudança. Constitui precisamente este o propósito da obra que agora é publicada, da autoria de Andreia Ruela e Cristina

Pinto Albuquerque, resultante de uma investigação efetuada no âmbito do Mestrado em Intervenção Social, Inovação e Empreendedorismo da Universidade de Coimbra (Faculdade de Psicologia e de Ciências da Educação e Faculdade de Economia). Trata-se de uma investigação qualitativa, de caráter exploratório, focalizada nas Organizações do Terceiro Setor provedoras de serviços sociais e humanos (IPSS), que suscita importantes reflexões de natureza teórica e avança com esclarecimentos sobre o estado da arte em que se posiciona o debate relativo à *accountability*, equacionada em termos concetuais e operativos. Acresce à sua inquestionável pertinência, o elevado rigor concetual e metodológico que acompanhou o estudo produzido, facilmente apreendido quando se percorre a sua leitura.

Deste modo, em termos de estrutura analítica e com o intuito de enquadrar teoricamente o objeto de estudo, as autoras procedem numa primeira parte do seu trabalho, à delimitação do âmbito das organizações do Terceiro Setor, focalizando as principais abordagens teóricas que erguem o conceito e que o distinguem de conceitos afins. Num momento seguinte, posicionam a emergência do Terceiro Setor a partir das perspetivas norte americana e europeia, as quais permitem compreender o papel desempenhado por estas organizações nas sociedades do presente e o seu crescente protagonismo. A relação entre o Estado e o Terceiro Setor constitui igualmente uma temática de análise, que faculta a compreensão em torno do posicionamento destas organizações face a outros agentes reguladores, nomeadamente o Mercado e o Estado. Com maior enfâse as autoras apontam e sugerem as diferentes óticas e motivações inerentes ao relacionamento entre Estado e Terceiro Setor e referem-se às especificidades e constrangimentos do Terceiro Setor em Portugal. Após esta análise, o estudo direciona-se para a temática da *accountability* no Terceiro Setor. Neste âmbito, apresenta-se uma revisão da literatura enfatizando as principais propostas concetuais que se erguem no seio das organizações em análise, os significados da *accountability* como um conceito plural, relacional e constructo social. A par, identificam-se modelos e perspetivas de *accountability* oriundos da teoria económica e organizacional, as quais permitem enquadrar e explicar os sistemas de *accountability* utilizados nas Organizações do Terceiro Setor. Particular atenção merecem as propostas discutidas pelas autoras, relativas aos modelos de *accountability* estratégica e funcional, passíveis de serem prosseguidos por estas organizações, os quais constituem, no presente estudo, o referencial teórico utilizado para confronto empírico e resposta à questão de investigação. Num momento seguinte são observados os mecanismos de *accountability* em termos de instrumentos e processos, distinguindo-se, em concreto, os mecanismos de transparência, participação e avaliação. Na sua globalidade, estes mecanismos realçam a expressão do fenómeno, a forma como o mesmo tem sido gerido e a sua influência ao nível da eficácia e concretização da missão destas organizações. No terceiro capítulo, as autoras analisam a relação entre a missão, estratégia e *accountability*. Salientando as características inerentes a uma completa definição da missão organizacional e apresentando as especificidades que caracterizam as organizações em estudo, as autoras procedem à discussão em torno dos processos de planeamento e gestão estratégica, que determinam o sucesso ou fracasso da concretização da missão, nas Organizações do Terceiro Setor. No quarto capítulo, e na sequência da auscultação feita a uma amostra constituída por técnicos de acompanhamento de respostas sociais do Centro Distrital de Aveiro do Instituto de Segurança Social, I.P, diretores e profissionais *frontline* de IPSS, as autoras propõem de forma sistematizada, articulada e coerente, uma interpretação dos resultados obtidos, tendo por base três níveis de análise temática, a saber: compreensão da missão organizacional; conhecimento dos processos de *accountability* utilizados pelas organizações; articulação entre os processos de *accountability* utilizados pelas IPSS e a prossecução da sua missão organizacional.

Sobressaem das evidências recolhidas, suportadas pela teoria, importantes contributos para a sinalização dos principais dilemas, desafios e oportunidades que emergem na sequência da adoção de diferentes processos ou estratégias de *accountability* por parte das organizações enunciadas, em consonância com a sua missão. A este nível, as diferentes opções em termos de processos de *accountability* a adotar por parte das Organizações do Terceiro Setor, sugerem níveis distintos de proximidade com os modelos operativos da *accountability,* funcional e estratégica. Focalizado na visibilização de resultados a curto prazo (*outputs*) e privilegiando a relação com os *principais stakeholders,* o primeiro modelo suscita interrogações, exploradas com acuidade pelas autoras, direcionadas para a natureza meramente instrumental e subordinada que parece existir na *accountability* funcional, estimulada em função não apenas das exigências colocadas pelos *principais stakeholders,* mas também como obrigação de "prestar contas" atendendo às condicionantes de financiamento. Em contraste, o modelo da *accountability* estratégica, ao erguer a missão como o cerne da estratégia organizacional, ao focalizar os impactes (*outcomes*), ao invés dos resultados (*outputs*) e ao alargar o diálogo a *multiple stakeholders* (onde se incluem parceiros e cidadãos), parece enunciar o melhor caminho para a criação de valor em solidariedade social e para a construção e salvaguarda dos compromissos plurais, inerentes às boas práticas de *accountability* no Terceiro Setor. Todavia, sendo certo que o conceito de *accountability* não pode ser apreendido de modo fixo ou determinado e não sendo possível enunciar uma única ou simples estrutura de *accountability*, capaz de ser adotada para todas as organizações, compete pois, aos profissionais com responsabilidade acrescida nas Organizações do Terceiro Setor, enunciar e formular as alternativas estratégicas de *accountability,* numa perspetiva holística e integrada.

A amplitude de todo este debate e a relevância do conhecimento produzido, constituem efetivos méritos que resultam do estudo encetado pelas autoras, o qual carece de ser disseminado e manuseado, quer pelo público da Academia, quer por todos os atores e profissionais, que, no campo da intervenção social, focalizam os seus esforços em torno do fortalecimento e capacitação das organizações, nas quais estão envolvidos ou com as quais se relacionam.

Mais do que isso, o enfoque que orienta o estudo para um objeto analítico particularmente sensível a pressões e desafios de natureza externa e interna às próprias organizações (e também por este motivo pouco conhecido ou revelado), bem como a incipiência da investigação centrada na temática em causa, constituem sérios argumentos que distinguem meritoriamente esta obra e que reclamam prioridade à sua leitura.

Helena Reis Amaro da Luz
Doutora em Economia
Professora Associada do Instituto Superior Bissaya Barreto
Investigadora do CESNOVA/Universidade Nova de Lisboa

INTRODUÇÃO

A relevância das Organizações do Terceiro Setor (ou Terceiro Sistema) (OTS) para a promoção de fins associados, quer à defesa e efetivação da cidadania, quer ao desenvolvimento social e económico a nível local, regional, nacional e mesmo internacional, tem sido reconhecida e confirmada em diversos estudos e destacada pelas instâncias europeias. Já em 2000 a Comissão Europeia, no documento de reflexão sobre o papel das ONGs em termos sociopolíticos, intitulado *A Comissão e as ONGs: o reforço da parceria*, sublinha a importância da implicação ativa destas organizações da sociedade civil sem fins lucrativos, independentes do Estado e formalmente constituídas, como eixos fundamentais de desenvolvimento e participação cívica. Este ponto foi também particularmente enfatizado no *Livro Branco sobre a Governação Europeia* (2001), reconhecendo-se o papel das OTS no reforço da cidadania participativa, na representação de interesses de grupos específicos, na atuação direta e na aplicação de um saber de proximidade e de um capital de legitimidade facilitador da obtenção de respostas mais concretas e consentâneas com as necessidades e expectativas das populações. Do mesmo modo, sublinha-se o seu contributo para a colocação, na agenda política e económica, nacional e internacional, de questões estruturantes para a qualidade de vida das populações (o papel de *advocacy* das chamadas *Umbrella Organizations* em Bruxelas é a este nível particularmente elucidativo).

Os "ativos relacionais" (OECD, 2003, p. 11) produzidos pelas OTS constituem-se, na verdade, como um dos seus traços distintivos, não apenas em termos de ligação com os contextos macro, mas também, e sobretudo, numa escala territorial localizada. Os contextos de proximidade onde maioritariamente se inscrevem e a importância das respostas produzidas nesse *locus* são fatores propiciadores do papel de pólos de dinamização relacional assumido pelas OTS. Neste âmbito, por um lado a criação de "ativos" sociais e económicos derivados da motivação, identidade e pertença das populações e, por outro, a multiplicação e reconfiguração das interações sociais entre diversos agentes, quotidianas ou mais formalizadas (Kooiman, 2003), que tais respostas propiciam (Almeida, 2011b), são pois de extrema relevância. Uma tal constatação coloca em primeira linha, como veremos, a importância de refletir sobre os processos de participação das populações na avaliação e na definição da linha estratégica das OTS.

A Agenda Europeia 2020 vem igualmente sublinhar o papel da sociedade civil na reconstrução de elos e respostas sociais e económicas a problemáticas cada vez mais heterogéneas e complexas, advogando a adoção de sistemas híbridos de funcionamento, quer no quadro das organizações, quer na produção de respostas e políticas que permitam articular os diversos agentes de proteção social (Estado, Mercado e Terceiro Sistema), superando a dicotomia estrita entre público e privado.

Neste sentido, e num contexto marcado pela restrição das políticas e apoios sociais públicos às populações e às OTS, cada vez mais se tem vindo a discutir a relevância das mesmas, intrinsecamente tradutoras do potencial e da capacidade de implicação da sociedade civil, para o desenvolvimento do tecido socioeconómico e para a produção de serviços verdadeiramente capazes de produzir impactes efetivos na vida das populações e na transformação dos contextos.

Diversos estudos comprovam a importância das OTS para a provisão de bens e serviços relevantes para as populações nomeadamente em contextos de proximidade. Com efeito, estima-se que cerca de 70% das respostas no âmbito da ação social (centros de dia, lares de idosos, creches, infantários, apoio domiciliário, entre muitas outras) sejam providas pelas OTS, em particular IPSS (Almeida 2011a; 2011b).

Do mesmo modo, os impactes do Terceiro Setor em termos económicos e de criação de emprego não são displicentes. Refiram-se a título de exemplo os resultados do projeto-piloto da *Conta Satélite da Economia Social* (CSES) para o ano 2010 e do *Inquérito ao Trabalho Voluntário 2012*, recentemente publicados (INE, I.P. & CASES, 2013), que revelam que, em termos de dimensão relativa do setor da economia social, em 2010, o respetivo Valor Acrescentado Bruto (VAB) representou 2,8% do VAB nacional total e 5,5% do emprego remunerado (equivalente a tempo completo - ETC).

Na verdade, as OTS constituem-se muitas vezes como as maiores empregadoras em determinados territórios locais, produzindo, em paralelo, efeitos indiretos sobre o emprego de extrema relevância para o desenvolvimento local. Como refere Almeida (2011b, p.99), "em primeiro lugar, uma parte do salário dos funcionários das OTS é gasto em bens e serviços locais gerando, por esta via, efeitos de repercussão indireta no estímulo ao emprego. Em segundo lugar, a produção de bens e serviços facilita o acesso ao emprego por parte de certos grupos de indivíduos. A existência de um centro de dia, do apoio domiciliário ou de um lar possibilita uma maior procura de emprego para os parentes que cuidam dos idosos, tal como a existência de creches ou de CATLs abre oportunidades de procura de emprego para os pais das crianças, particularmente para as mulheres. Em terceiro lugar, a dinamização do emprego ocorre através dos *inputs* necessários à produção dos serviços oferecidos. A grande parte das mercadorias consumidas e dos fornecimentos e serviços externos, como géneros alimentares, produtos farmacêuticos, obras de construção e reparação, é adquirida localmente".

Neste contexto, afigura-se-nos também cada vez mais pertinente a reflexão sobre a dependência de determinadas organizações dos fundos estatais (nomeadamente as Instituições Particulares de Solidariedade Social – IPSS – que, de acordo com o mesmo estudo, representavam, em 2010, 38,2% da necessidade líquida de financiamento da Economia Social) e a incontornabilidade de ponderar e de desencadear processos organizacionais inovadores e fontes de angariação de receitas próprias (INE, I.P. & CASES, 2013). A sustentabilidade, entendida como produto e como catalisador da articulação, numa tríplice hélice, do social, do económico e do ambiental, constitui-se pois como uma dimensão relevante de um estudo atual, profundo e consequente em torno das OTS.

Neste sentido, a inovação a imprimir nos serviços prestados, na organização e na gestão das OTS é hoje, em linha com a Estratégia Europeia

2020, não só um desiderato mas uma exigência no sentido da mudança social e económica a implementar nas sociedades contemporâneas. Assim sendo, a atitude de questionamento e de desconstrução científica é o ponto de partida para a construção reflexiva, para o aportar de conhecimentos que se pretendem mais próximos das realidades vividas e sentidas pelas organizações e pelos atores sociais e mais consequentes na produção e avaliação de impactes.

A este nível a ponderação dos processos e mecanismos de *accountability*[1], e a sua dimensão, quer funcional, quer estratégica, é particularmente relevante para a compreensão da legitimidade e da sustentabilidade das OTS nas sociedades contemporâneas.

Na verdade, o debate sobre a chamada *accountability* começou no setor público, centrado nos princípios de Democracia e de Justiça Social, emergindo, mais tarde, no setor privado, associado à reflexão sobre os pressupostos da responsabilidade social das empresas. A discussão no Terceiro Setor é mais recente e tem-se focado nos desafios que a *accountability* representa para as organizações nele enquadradas e de que forma têm sido geridos. O crescente interesse pela *accountability* neste âmbito tem sido impulsionado pelas mudanças operadas no plano político, social e económico. Na verdade, a expansão e profissionalização do Terceiro Setor, a influência dos pressupostos da Nova Gestão Pública, a introdução de novas exigências de qualidade na prestação dos serviços e requisitos de maior eficácia e eficiência na intervenção social, a crise de legitimidade e falta de confiança pública, que têm abalado algumas organizações sociais, e a perpetuação de formas de pobreza e exclusão social, estão entre as principais razões que suscitaram o incremento da atenção aos mecanismos e processos de *accountability* no setor em epígrafe.

Parte da literatura tem-se centrado na chamada *accountability funcional*, focada nas relações entre as OTS, o Estado e os demais financiadores. Porém, como as organizações são *accountable* a vários agentes

---

[1] O conceito de *accountability* é normalmente traduzido por "prestação de contas" e "responsabilidade". Tais designações contemplam porém apenas parte do significado que o termo comporta, como teremos oportunidade de esclarecer ao longo da obra, pelo que optámos por manter a designação inglesa, já de uso corrente.

(normalmente apelidados na bibliografia de gestão de *stakeholders*[2]), questões importantes ligadas à prossecução da sua missão social têm sido subestimadas nesta abordagem. Por outro lado, a *accountability estratégica*, menos explorada mas cada vez mais premente, incide sobre a estratégia das organizações para concretizarem a sua missão e gerirem a sua relação com as diversas partes interessadas (destinatários, parceiros, financiadores, entre outros). A missão, sendo considerada uma condição *sine qua non* para a boa *performance* das OTS, ocupa pois nesta abordagem um lugar central. É com base nestes dois modelos de *accountability* que, no âmbito desta obra, nos propomos compreender a articulação entre os respetivos processos, a missão das OTS (em particular as IPSS) e a gestão estratégica.

Neste sentido, o estudo que desenvolvemos, ao longo de 2012 e 2013, constituiu-se como uma investigação qualitativa de caráter exploratório, que procurou compreender o "como" e o "porquê" da *accountability*, em particular na área das Organizações do Terceiro Setor, fenómeno ainda muito pouco estudado em Portugal.

Atendendo à natureza exploratória do estudo, identificam-se algumas limitações do ponto de vista metodológico no que se refere à transferibilidade e consistência da investigação. A transferibilidade (equivalente à validade externa nas investigações quantitativas) reporta-se à possibilidade de aplicar os resultados obtidos num determinado contexto a outro contexto. A consistência (fidelidade) refere-se à fiabilidade (precisão) dos instrumentos utilizados e à capacidade de replicar o estudo, ou seja, dos instrumentos produzirem resultados estáveis independentemente de quem os aplica e em que circunstâncias (Coutinho, 2011; Vieira, 1999). A este propósito, importa lembrar que nas investigações qualitativas, a consistência não se relaciona tanto com os instrumentos em si, como acontece nas investigações quantitativas, mas "com a consistência do estilo interativo do investigador, do tipo de registo e análise dos dados e da interpretação que este faz dos significados individuais,

---

[2] Na presente obra traduziremos o conceito de *stakeholder* pela expressão "parte interessada" pelo que ambas as noções serão utilizadas indistintamente.

captados durante o trabalho de campo com os participantes" (McMillan & Schumacher, 1989; cit. por Vieira, 1999, p. 93). Para este estudo, os dados foram recolhidos num contexto particular, pelo que a sua aplicação noutros contextos pode ser limitada, bem como a replicação do estudo. Porém, no sentido de minimizar estas limitações, procurou-se fornecer uma descrição "compacta"[3] (Stake, 1995; cit. por Coutinho, 2011, p. 207) do quadro de referência concetual, do processo de investigação (de recolha e análise dos dados) e dos resultados obtidos, que ilustram a diversidade de perspetivas dos participantes neste estudo, de modo a facultar informação suficiente a quem pretender aplicá-los a outro contexto ou replicar o estudo para aferir devidamente a sua semelhança e pertinência. Além disso, recorreu-se a processos de triangulação metodológica, através de sessões de *focus group* e da realização de entrevistas semiestruturadas; de triangulação de fontes de dados, através das entrevistas, das sessões de *focus group* e de documentos de referência para a compreensão do fenómeno (*e.g.*, artigos, estudos, relatórios semestrais e anuais, planos de atividades, estatutos, missão, visão e valores da organização, plano estratégico), e de triangulação teórica, dado que as perspetivas de vários autores (como Banks, 2004; Brown e Moore (2001); Bryson (2004); Cavil e Sohail (2007), Ebrahim (2003, 2005) orientaram a fundamentação teórica e a interpretação e discussão dos resultados.

A presente obra encontra-se estruturada em 4 capítulos.

O primeiro capítulo incide sobre as conceções e fronteiras do Terceiro Setor. Para o efeito, apresenta-se a perspetiva das abordagens norte--americana e europeia sobre o Terceiro Setor; analisa-se a relação entre este e o Estado, onde a *accountability* tende a surgir como uma potencial área de tensão e, por último, clarificam-se as configurações do Terceiro Setor em Portugal.

O segundo capítulo explora o conceito de *accountability* no Terceiro Setor, citando algumas definições propostas por vários autores, e centra-se nas relações que as OTS estabelecem com múltiplas partes interessadas

---

[3] *"Thick description"* (Stake, 1995; cit. por Coutinho, 2011, 207)

neste contexto. Num segundo momento aborda-se os principais modelos e perspetivas que enquadram a *accountability* nas OTS e concretiza-se os mecanismos utilizados pelas OTS, onde se explora a relação destes com os processos de participação, *empowerment*, avaliação, qualidade e aprendizagem organizacional.

O terceiro capítulo situa a importância da missão na estratégia organizacional e revela algumas pistas para a gestão dos processos de *accountability* centrada na missão organizacional, de modo a reforçá-la na relação com os *stakeholders* e a melhorar a sua eficácia e eficiência.

O quarto capítulo discute os principais resultados obtidos no estudo sobre os processos de *accountability* em Instituições Particulares de Solidariedade Social, onde se analisam as perceções sobre a missão organizacional, os mecanismos de transparência, participação e avaliação utilizados pelas IPSS e se termina com uma reflexão sobre as práticas de articulação entre os processos de *accountability* e a missão organizacional, na qual se referem questões ligadas à sustentabilidade, avaliação e participação.

Por último, nas considerações finais, sintetizam-se as principais conclusões obtidas ao longo do estudo, reflete-se sobre possíveis desafios e oportunidades em torno dos processos de *accountability* e propõe-se um quadro de análise sobre os processos de *accountability* no Terceiro Setor que visa aproximar esta discussão ao contexto de ação dos atores do Terceiro Setor.

1. O TERCEIRO SETOR: CONCEÇÕES E FRONTEIRAS

Embora fortemente enraizado na História social e económica remota da maioria dos países ocidentais (Almeida, 2011), a definição concetual do que se constitui como "Terceiro Setor", ou "Terceiro Sistema", carece de um consenso alargado, o que tem contribuído, sobretudo até às últimas décadas do século XX, para a sua relativa invisibilidade e (i)legitimidade institucional e política. Com efeito, a grande heterogeneidade de respostas e atividades que no seu escopo podem ser enquadradas, a par de uma tentativa de determinação, negativa e difusa, de fronteiras, por referência ao Estado e ao Mercado, têm contribuído para a definição do Terceiro Setor apenas como algo residual ou complementar às respostas públicas e privadas lucrativas (Quintão, 2011).

Nas últimas décadas, porém, o interesse e a relevância do Terceiro Setor têm vindo progressivamente a adquirir centralidade, quer em termos políticos, sociais e económicos, quer em termos científicos[4]. A este facto não será alheio o contexto de questionamento e de reestruturação dos sistemas providenciais do pós guerra, nem a complexificação dos problemas sociais atuais, cada vez mais perenes, multidimensionais e globalizados, mas também, a multiplicação e diversificação de respostas das OTS e a assunção de preocupações (desde logo condicionadas pela necessidade de sobrevivência financeira), cada vez mais explícitas, com a qualidade e a sustentabilidade dos serviços prestados (Chaves e Monzón, 2007).

---

[4] Embora os estudos sobre o Terceiro Setor remontem ao século XIX e às correntes do socialismo utópico (Saint Simon, Proudhon, entre outros), do social cristianismo (Frederic Le Play) e do solidarismo de Charles Gide (Jeantet, 2003).

Tais mutações refletem também, como sublinha Almeida (2011b, p.85), "transformações de ordem profunda que se situam ao nível da própria organização e coordenação dos sistemas socioeconómicos. Com efeito, a maior centralidade do Terceiro Setor nas sociedades e nas economias atuais é, geralmente, explicada através da passagem de governos de estrutura hierárquica para formas mais horizontais de governação. Face à mudança, à diferenciação e à complexidade da vida social, a coordenação das economias exige novos processos, mecanismos e atores cujas relações estão constantemente a mudar, assim como as suas fronteiras de atuação".

1.1 Contributos para uma delimitação concetual do Terceiro Setor

De forma simples e abrangente, o Terceiro Setor é comumente concebido como um conjunto de respostas, atividades e relações sociais, que não fazem parte do Estado, nem do Mercado, nas quais a participação é maioritariamente voluntária e os ativos financeiros são normalmente reinvestidos com finalidades sociais, ambientais e/ou culturais[5] (Alexander, 2010). O caráter diferenciador do Terceiro Setor é pois normalmente definido pelo tipo de ligações com o Estado, o Mercado e a Comunidade, concebidas como sendo ora de oposição, ora de complementaridade.

O Terceiro Setor é assim composto por "organizações sociais que não são estatais nem mercantis, ou seja, organizações sociais que, por um lado, sendo privadas, não visam fins lucrativos, e, por outro lado, sendo animadas por objetivos sociais, públicos ou coletivos, não são estatais" (Santos, 1999, p. 14).

---

[5] Entre as OTS podemos identificar sobretudo as seguintes (Santos, 1999; Franco *et al.*, 2005; Ferreira, 2009):

a) Associações de Direito Privado e com estatuto de utilidade pública (de bombeiros voluntários, de consumidores, de imigrantes, de deficientes, de estudantes, de jovens, entre outras);

b) Fundações (reconhecidas pela primeira vez no Código Civil português de 1867);

c) Instituições de Desenvolvimento Local, com diferentes formas legais;

d) Irmandades de Misericórdia (existentes em Portugal desde o século XV);

e) Organizações não-governamentais;

f) Associações mutualistas;

g) Cooperativas, governadas pela Lei das Cooperativas;

h) Empresas Sociais.

Refira-se porém que a compreensão consistente do Terceiro Setor e do papel que assume, ou pode assumir, se situa para além da determinação do que não é Estado ou Mercado. O Terceiro Setor, como procuraremos argumentar, possui uma racionalidade própria e uma especificidade que não tem necessariamente de definir-se por contraposição com o setor estatal ou privado lucrativo. A constituição de respostas híbridas e a superação de fronteiras estritas pela combinação de racionalidades diferenciadas constitui-se hoje, na verdade, como um fator de inovação particularmente relevante para as OTS, sem que a respetiva especificidade seja necessariamente colocada em causa. Voltaremos um pouco mais tarde a esta ideia.

O termo Terceiro Setor terá surgido nos Estados Unidos da América, na década de 1970, para descrever a emergência de novas formas de organização e economia no contexto pós-industrial. Pioneiros na aplicação do termo, Theodor Levitt (1973) e Amitai Etzioni (1970) utilizam-no porém com significados distintos. O primeiro aplica-o para designar iniciativas, entre o público e o privado, que colmatam ou exigem a compensação das falhas entre o Estado e o Mercado (Ferreira, 2009). O segundo usa-o para descrever as iniciativas entre o Estado e o Mercado, públicas mas não-governamentais, encaradas como uma boa solução para assegurar a prestação de bens públicos. Etzioni (1970) procurando compreender por que razão os cidadãos se envolvem em diferentes tipos de organização, sugere que enquanto o Estado tem um poder coercivo e o Mercado negoceia acordos, a função das organizações sociais reside nos valores partilhados e na tomada de decisão coletiva e consensual. O Terceiro Setor foi, nesta ótica, pensado para ser mais eficaz na prestação de bens e serviços para o bem público. "O papel do Estado é garantir o bem público, mas está sobrecarregado pela burocracia; o Mercado é eficiente, mas procura apenas maximizar o retorno para os acionistas (*shareholders*); o Terceiro Setor une o melhor dos dois mundos: eficiência e interesse público" (Alexander, 2010, p. 217).

Na Europa, o termo foi utilizado em 1978 por Jacques Delors num relatório da Comissão Europeia sobre o emprego. A emergência do Terceiro Setor coincide, neste contexto, com a deslocação de projetos *top-down* para iniciativas comunitárias, com a ascensão da Nova Gestão Pública

(*New Public Management*) que aprovou os princípios de mercado para a prestação de bens e serviços públicos e privatizou muitos desses serviços. As duas perspetivas, europeia e norte-americana, procuram assim explicar a emergência do Terceiro Setor com enfoques diferenciados:

i) a abordagem norte-americana descreve o Terceiro Setor como uma área de atividade distinta que surgiu na resposta às falhas entre o Estado e o Mercado de modo a suprir as necessidades de bem-estar;

ii) a abordagem europeia sugere o desenvolvimento do Terceiro Setor como sendo parte da expansão dos Estados democráticos modernos, onde a sociedade civil desempenha um papel ativo (Alexander, 2010).

Assim, com base em tradições históricas, sociais, políticas e culturais distintas, têm sido apresentadas designações equivalentes a Terceiro Setor, tais como, Setor Voluntário no Reino Unido e países nórdicos, Setor Não Lucrativo nos Estados Unidos da América, Economia Social na Europa Continental e Organizações Não-Governamentais nos países do Sul (Santos, 1999; Ferreira, 2009). Para assegurar porém alguma comparabilidade e delimitação concetual cinco critérios têm sido considerados internacionalmente: o nível de formalidade, a relação com o Estado, o tipo e a gestão de recursos, a autonomia e o voluntariado. Tais critérios decorreram e foram testados (em mais de 40 países, com graus de desenvolvimento distintos[6]) no âmbito do projeto internacional promovido pela *John Hopkins University – Center for Civil Society Studies* (*Comparative Non-Profit Sector*[7]) e têm sido utilizados como referencial para a implementação das contas satélite das Instituições sem fins lucrativos no quadro das contas nacionais dos Institutos de Estatística.

No entanto, apesar do esforço de categorização persistem diferenças de relevo no que é considerado enquadrável no conceito de Terceiro

---

[6] EUA, Reino Unido, Alemanha, França, Itália, Suécia, Japão, Hungria, Brasil, Gana, Egipto, India, Tailândia, Roménia, Israel, Polónia, Irlanda, entre outros.

[7] http://ccss.jhu.edu/research-projects/comparative-nonprofit-sector

Setor, diferenças essas marcadas sobretudo pelas perspetivas teóricas norte-americana e europeia.

A abordagem norte-americana, ancorada no já citado projeto da *John Hopkins University*, considera que o Terceiro Setor corresponde ao Setor Não Lucrativo, sendo constituído por organizações da sociedade civil (Figura 1), *formais* (com enquadramento legal ou possuindo continuidade organizacional), *privadas* (institucionalmente separadas do Estado, embora dele possam receber apoio), *sem fins lucrativos* (quando existem lucros, estes são reinvestidos nas organizações), *autogovernadas* (têm mecanismos próprios de governação interna) e *voluntárias* (a participação é voluntária nas atividades ou na gestão da organização) (Salamon *et al.*, 1999).

Figura 1 - Classificação Internacional das Organizações sem fins lucrativos
(International Classification of Non-Profit Organizations - ICNPO)

Classificação ICNPO	Subgrupos ICNPO
1. Cultura e lazer	- Cultura e Artes - Desporto - Outros clubes sociais e recreativos
2. Educação e Pesquisa	- Educação Primária e Secundária - Educação Superior - Outras - Pesquisa
3. Saúde	- Hospitais e Reabilitação - Casas de Saúde - Saúde Mental e Intervenção em Crise - Outros Serviços de Saúde
4. Serviços Sociais	- Serviços Sociais - Emergência e Apoio - Suporte aos rendimentos e sobrevivência
5. Ambiente	- Ambiente - Proteção de Animais
6. Desenvolvimento e Habitação	- Desenvolvimento Económico e Social - Habitação - Emprego e Formação
7. Lei, defesa de causas e política	- Organizações cívicas e de defesa de causas - Serviços legais - Organizações políticas
8. Intermediários filantrópicos e promotores de voluntariado	- Fundações que atribuem bolsas/apoios - Organizações de treino e colocação de voluntários - Organizações de angariação de fundos
9. Internacional	- Programas de mobilidade - Associações de desenvolvimento e cooperação - Apoio internacional em situações de desastre e emergência

Classificação ICNPO	Subgrupos ICNPO
10. Religião	- Instituições de culto - Congregações religiosas
11. Associações empresariais, profissionais e sindicatos	- Associações profissionais - Sindicatos
12. Outras não classificadas em outro grupo	_____

Esta perspetiva impõe restrições legais e éticas na distribuição de lucros, excluindo, por isso, organizações como as cooperativas e as mutualidades. A exclusão destas organizações não é porém aceitável no contexto europeu pelo papel que tais organizações desempenham na construção de um tipo de economia baseada nos princípios de solidariedade.

Assim, a abordagem norte-americana, mais restrita e operacional, tem sido complementada com uma "perspetiva europeia"[8], mais focalizada numa ótica analítica e sociológica, o que possibilita gerar tipologias decorrentes de diferentes modos de ação e de evolução e/ou adaptação do Terceiro Setor ao longo do tempo (Laville & Borzaga, 1999). Deste modo, na Europa, o Terceiro Setor abrange as organizações (como cooperativas, mutualidades, associações, fundações e instituições particulares de solidariedade social) que visam atender às necessidades sociais e financeiras dos seus membros. A distinção não deve pois ser feita entre organizações com ou sem fins lucrativos, mas sim entre organizações capitalistas e organizações de economia social, sendo que as primeiras estão mais vocacionadas para o retorno do investimento individual e as segundas para o benefício mútuo ou coletivo. Razão pela qual, na Europa, o Terceiro Setor é também reconhecido como Economia Social e Solidária, onde a contraposição não se estabelece com o Estado, como tende a acontecer nos países anglo-saxónicos, mas antes com as economias capitalistas (Ferreira, 2009; Alexander, 2010).

Com efeito, o conceito de economia social, com forte expressão na Europa Continental, delimita as organizações nele enquadradas através de um conjunto de princípios associados ao Terceiro Setor como:

---

[8] Enquadrada na ação piloto da Comissão Europeia "Third System and Employment", no projeto "Enterprises and Organizations of the Third System. A strategic challenge for employment" (Laville & Borzaga, 1999).

i) a autonomia em relação ao Estado;

ii) a finalidade social dos bens e serviços produzidos, para os membros e/ou para a coletividade;

iii) o predomínio do fator trabalho sobre o capital;

iv) a democracia na gestão e participação e

v) a restrição na distribuição de excedentes (Almeida, 2011, p. 20; Defourny, 2009, p. 158).

Por outras palavras, enquanto na perspetiva norte-americana se parte sobretudo de uma abordagem aos pressupostos das economias de mercado, assumindo que o Setor Não Lucrativo emerge associado às insuficiências do setor público e do setor privado lucrativo, na perspetiva europeia, o Terceiro Setor, de cariz aberto, misto e intermediário, surge como parte integrante de um "conjunto plural de economias" (Almeida, 2011). A especificidade do setor, na perspetiva europeia, decorre pois, como afirmam Evers e Laville (2004), da articulação e contrabalanço entre princípios económicos diferenciados, ainda que a sua lógica própria de funcionamento nem sempre seja facilmente identificada (Almeida, 2011). O Terceiro Setor é, neste sentido, encarado como uma forma híbrida onde diferentes discursos, princípios e racionalidades interagem e se influenciam mutuamente.

Sob tais pressupostos, podemos afirmar que o Terceiro Setor se enquadra no espaço público e contribui para a sua (re)construção, conquistando e assumindo uma influência cada vez mais crescente, seja na definição de políticas, seja nas lógicas de funcionamento do Estado, do Mercado e das Comunidades locais. Por isso, "não pode ser apenas situado no triângulo entre o Estado, o Mercado e a Comunidade, não só porque possui uma lógica única de funcionamento com atores, processos e quadros cognitivos próprios, mas também porque é um dos nós da configuração institucional das economias" (Almeida, 2011b, p. 96).

A compreensão profunda da perspetiva europeia sobre as OTS tem pois de considerar os seguintes pressupostos (Quintão, 2011, p. 7; Almeida, 2011):

a) o reconhecimento das profundas raízes históricas destas organizações e do seu contributo para a concretização de princípios de solidariedade social, de ação coletiva e de respostas alternativas ao capitalismo e ao formalismo do setor público;

b) a compreensão dos processos de interação, e muitas vezes de instrumentalização, entre o Estado e as OTS;

c) a conceção do Terceiro Setor no âmago de uma lógica económica plural e de combinação híbrida entre princípios (de reciprocidade, redistributivos, lucrativos e não lucrativos) e recursos diferenciados (monetários e não monetários);

d) a consideração da relevância das OTS como agentes de governação e de recomposição de relações sociais e económicas, nomeadamente nos territórios locais.

1.2 A relação entre o Estado e o Terceiro Setor

Situar o Terceiro Setor no espaço público consubstancia a ideia de que as Democracias modernas desenvolveram um campo social, impulsionado por organizações sociais voluntárias, para a representação de interesses sociopolíticos, para o exercício da cidadania, solidariedade, confiança e ajuda mútua. Ao ocupar uma posição charneira com o Estado, o Mercado e a Comunidade, o Terceiro Setor enquadra-se num campo de tensão, onde as fronteiras não são rígidas e onde diferentes racionalidades coexistem e se influenciam reciprocamente.

Como esclarece Evers (2010), ao nível do Mercado predominam o anonimato e as escolhas individuais, que podem enfraquecer as relações sociais baseadas na solidariedade; ao nível do Governo central dominam as regras gerais e procedimentos padronizados; ao nível da Comunidade, pelo contrário, prevalecem as normas e tradições que estimulam obrigações e deveres interpessoais. O mesmo autor acrescenta que os processos de mercantilização e penetração no Mercado podem reduzir o espaço para a prestação de bens e serviços públicos pelo Estado e pelo Terceiro Setor, bem como prejudicar o desejo de autorregulação, solidariedade e compromisso público.

O Terceiro Setor distingue-se assim do Estado e do Mercado pela sua racionalidade, focada no longo prazo e reprodutora de valores coletivos, e pela sua eficácia de proximidade através do desenvolvimento de respostas sociais mais adequadas e fundamentadas, concebidas a partir do conhecimento privilegiado do local (*e.g.*, diagnóstico das necessidades e potencialidades existentes) (Alexander, 2010).

Brown e Troutt (2007) sugerem que o debate sobre a relação entre o Estado e o Terceiro Setor pode centrar-se na análise da forma como os dois domínios interagem e, para isso, descrevem o papel do Terceiro Setor na prestação de serviços públicos como suplementar, complementar ou de confrontação (*adversarial*). Na perspetiva suplementar, o Terceiro Setor serve para suprir lacunas na prestação de serviços públicos. O Estado presta serviços estandardizados para a população geral e o Terceiro Setor dirige a sua ação para subgrupos com necessidades não atendidas pelo Estado. Na perspetiva complementar, a relação entre o Estado e o Terceiro Setor é entendida como uma parceria. Cada um se especializa numa dada área: o Estado é melhor na captação de financiamento e na gestão/supervisão das respostas; enquanto o Terceiro Setor é melhor na prestação de serviços, principalmente naqueles que requerem maior flexibilidade na sua implementação. A perspetiva de confrontação pontua os diferendos entre os dois setores. Este debate é pertinente na medida em que permite compreender o quadro em que a relação, o financiamento e os processos de *accountability* são desenvolvidos. Na perspetiva de confrontação, pode ser expectável que, por parte do Estado, sejam impostos critérios para a "prestação de contas", e que, por parte das OTS, não sejam cumpridos os objetivos estatais que não coincidam com os objetivos organizacionais. Pelo contrário, na perspetiva complementar, e em certa medida também na suplementar, considera-se que o Estado não teria competência para definir os objetivos de forma unilateral (sem integrar os contributos das OTS), e as OTS poderiam acolher os processos de *accountability* como meio para assegurar a qualidade dos seus serviços (Brown e Troutt, 2007).

Na verdade, a literatura e os estudos empíricos recentes evidenciam que a relação entre o Estado e o Terceiro Setor é essencialmente de complementaridade, sendo cada vez mais frequente a contratualização como meio de financiar os serviços prestados pelas OTS. Nas abordagens tradicionais de *accountability*, a prestação de contas tem sido referida como uma fonte de tensão e uma condicionante para o bom relacionamento entre o Estado e o Terceiro Setor (Lipsky e Smith, 1990 e Gronbjerg, 1993; cit. por Brown e Troutt, 2007). Lipsky e Smith (1990, cit. por Brown e Troutt, 2007), por exemplo, consideram que o Estado e as OTS estabelecem uma relação de poder desigual, onde cada um procura atender a objetivos distintos ou mesmo concorrentes. A supremacia do Estado, ligada aos sistemas de financiamento, pode conduzir, neste prisma, a uma distorção da missão das OTS e à criação de um ambiente de incerteza dentro das mesmas. O Estado, ao definir os critérios para aceder às modalidades de financiamento e ao impor requisitos para a prestação de contas, pode influenciar de facto a estabilidade, a flexibilidade e a capacidade de resposta das OTS.

Para Salamon (1995) uma das ameaças presentes na relação entre o Estado e as OTS prende-se com a tensão existente entre o desempenho do seu papel de provedoras de serviços (financiados em grande parte pelo governo) e o de advocacia social, sobretudo na defesa da sua missão e em representação das populações mais vulneráveis. Por outras palavras, como refere Pasquinelli (1992; cit. por Ferreira, 2005), a tensão reside na confrontação entre aquilo que as OTS propõem (*i.e.*, a sua missão) e aquilo por que são valorizadas (*i.e.*, prestação de serviços contratualizados com o Estado), podendo eventualmente verificar-se uma distorção da missão social das OTS (*vendorism*) para cumprir as exigências impostas pelo Estado ou outros financiadores. Por outro lado, a inexistência e desadequação (por inspiração no setor privado lucrativo) de medidas de avaliação de desempenho das OTS acabam por ser compensadas por mecanismos formais de *accountability* (*i.e.*, relatórios e controlos de contas), que aumentam o volume de trabalho das OTS, mas não parecem trazer melhorias diretas e significativas para as organizações, de acordo com os dados que tivemos oportunidade de recolher.

Na base da discussão está pois o desafio das OTS tornarem inteligível a sua utilidade social e de trabalharem a sua sustentabilidade (financeira e axiológica), sob pena de comprometerem a sua própria missão. Se, como dissemos, a questão da *accountability* emerge na discussão como uma área de tensão entre o Estado e as OTS, expressa nas exigências de maior transparência e responsabilização, as novas abordagens sobre a *accountability* questionam esta perspetiva, como iremos observar nos próximos capítulos.

1.3 O Terceiro Setor em Portugal

A génese das atuais OTS em Portugal situa-se, como na maioria dos países ocidentais, no século XIX e tem por base três tipos de movimentos: o movimento mutualista, o movimento cooperativo e o movimento associativo. Ainda assim, e considerando que Portugal, por um lado não conheceu do mesmo modo que outros contextos europeus os processos de fraturação cívica e social do século XIX, em virtude do seu menor nível de industrialização e de urbanização e que, por outro, a Igreja Católica assumiu tradicionalmente preocupações de ação social e filantrópica, os referidos movimentos nunca tiveram, no contexto nacional, o nível de penetração e de expansão atingido em outros países europeus (Carreira, 1996; Quintão, 2011). Por exemplo, o desenvolvimento do cooperativismo em Portugal, que conheceu grande impulso com a publicação da respetiva Lei de Bases, em 1867, foi fortemente controlado e instrumentalizado pelo regime do Estado Novo, dissociando Portugal do movimento de expansão e regulamentação do Terceiro Setor, que vinha ocorrendo em diversos países europeus desde as primeiras décadas do século XX (Namorado, 1999).

Embora o papel das famílias e da sociedade civil sempre tenha sido fundamental para complementar a intervenção residual do Estado no domínio social, apenas com a democratização da sociedade portuguesa e, em particular, com a adesão, na década de oitenta do século XX, à União Europeia, o Terceiro Setor readquire em Portugal um espaço de maior legitimação sociopolítica. Um espaço que, na atualidade, face à crise social e económica vigente ganha novos contornos, recompondo-se e renovando-se, nomeadamente pela experimentação de novas vias de funcionamento organizacional e de iniciativas comunitárias de cariz *bottom-up*. Como afirma Quintão (2011, p.11), "por um lado, parece assistir-se a fenómenos de renovação, no sentido em que se verificam movimentos de reafirmação identitária dos princípios e valores originais dos movimentos cooperativo e associativo, nomeadamente pelas organizações instituídas, e no sentido em que se introduzem inovações nas lógicas de intervenção, organização e gestão, atualizando leituras dos tradicionais princípios e valores do Terceiro Sector. Estes fenómenos fundamentam-se, em grande medida, na necessidade de fazer face às tendências de isomorfismo institucional anteriormente referidas. Por outro lado, à semelhança dos movimentos que fundaram o Terceiro Sector tradicional, as novas iniciativas são promovidas, de forma espontânea, por coletividades da sociedade civil, muitas das quais só posteriormente lhes é reconhecido um estatuto jurídico e um enquadramento legal próprio".

Nesta medida, as tendências de recomposição e renovação do papel do Terceiro Setor na sociedade atual parecem reapropriar-se dos princípios tradicionais, reinterpretando-os e aprofundando-os, em muitos casos ainda de forma difusa e experimental:

a) a participação democrática, assumindo novas práticas de representação e de avaliação por parte de diferentes *stakeholders* (utentes/ clientes, parceiros, trabalhadores, voluntários, financiadores, associados, entre outros);

b) a gestão híbrida em prol de uma missão produtora de valor social mais consequente e consentâneo com as necessidades concretas a satisfazer e com mecanismos de sustentabilidade social e financeira, pela agregação de instrumentos de eficiência e de eficácia económica e de planeamento estratégico (Quintão, 2011).

Nas últimas décadas, as OTS têm vindo a adquirir, no contexto português, uma maior notoriedade na provisão de bens e serviços de resposta a fenómenos de vulnerabilidade e exclusão, perenes ou emergentes, tendo por base um quadro normativo (Constituição da República Portuguesa, Lei de Bases da Segurança Social, Estatutos das IPSS, entre outros), que permite legitimar a respetiva intervenção e determinar os recursos e a especificidade da(s) missão(ões) a cumprir. A este respeito saliente-se o importante papel político assumido pelas OTS.

Com efeito, o quadro regulador do Terceiro Setor, em particular no que concerne ao financiamento e à "prestação de contas" foi, como salienta Almeida (2011), fruto de dinâmicas negociais nas quais as OTS, pela voz das respetivas confederações, demonstraram o seu potencial de pressão e de governação pública. O processo de financiamento público às IPSS, por exemplo, passa a ser enquadrado, a partir dos anos noventa, por protocolos anuais de cooperação (de cariz instrumental e programático) entre o Estado e as Uniões representativas das OTS (União das Instituições de Solidariedade Social; União das Misericórdias Portuguesas e União das Mutualidades). Esta mutação paradigmática nos pressupostos de financiamento representa, em primeiro lugar, uma alteração nos próprios princípios de articulação entre o Estado e o Terceiro Setor, traduzindo-se numa maior clareza e comprometimento do Estado na preservação das OTS e, em segundo lugar, um reconhecimento da importância da missão social e da relevância política das mesmas. A formalização do compromisso não deixa também, no entanto, de consubstanciar a importância acrescida para as OTS dos mecanismos de *accountability* (ascendente)[9], já que estes passam a influenciar de forma premente o reconhecimento e o poder reivindicativo das mesmas, objetivado doravante em montantes de financiamento e no acesso a programas e projetos nacionais e/ou internacionais.

A importância do papel político e económico das OTS evidencia-se também nas propostas de constituição, readequação e concretização de respostas sociais e na constituição de empregos e de novos rearranjos socioeconómicos de cariz local, respondendo não apenas a uma "delegação" do Estado, mas também a interesses das próprias OTS (Almeida, 2011).

As IPSS, às quais especificamente nos dedicámos no estudo empírico, existem desde final da década de setenta, com a publicação, em 1979, do respetivo Estatuto. Constituem-se sem finalidade lucrativa, por

---

[9] Nomeadamente por via de relatórios anuais para instâncias governamentais; auditorias por parte do Tribunal de Contas e sistemas de acompanhamento por parte da Segurança Social, entre outros.

iniciativa de particulares, "com o propósito de dar expressão organizada ao dever moral de solidariedade e de justiça entre os indivíduos e desde que não sejam administradas pelo Estado ou por um corpo autárquico, para prosseguir, entre outros, os seguintes objetivos, mediante a concessão de bens e a prestação de serviços: a) Apoio a crianças e jovens; b) Apoio à família; c) Apoio à integração social e comunitária; d) Protecção dos cidadãos na velhice e invalidez e em todas as situações de falta ou diminuição de meios de subsistência ou de capacidade para o trabalho; e) Promoção e protecção da saúde, nomeadamente através da prestação de cuidados de medicina preventiva, curativa e de reabilitação; f) Educação e formação profissional dos cidadãos; g) Resolução dos problemas habitacionais das populações" (artigo 1°, do Estatuto das IPSS[10]).

Tendo por base tais determinações, as IPSS podem assumir uma forma associativa (associações de solidariedade social, associações de voluntários de ação social, associações de socorros mútuos, irmandades da Misericórdia), ou fundacional (fundações de solidariedade social, centros sociais paroquiais e outros institutos criados por organizações da Igreja), bem como a forma de Cooperativas de Solidariedade Social e de Casas do Povo.

Embora sejam autónomas, a relação das IPSS com o Estado determina a sua configuração, através de acordos de cooperação para a prestação de serviços, e a sua dependência financeira dos fundos estatais condiciona, em maior ou menor grau, a independência administrativa das instituições (Hespanha *et al.*, 2000). Dados de 2010 (INE, I.P. & CASES, 2010), referem que a maior parte dos recursos (cerca de 64,1%) das IPSS, nesse ano, foram provenientes de receitas próprias (*e.g.*, produção de bens e serviços), seguindo-se as transferências e subsídios (27,0%), que sugerem, ainda assim, uma dependência externa significativa. Estes dados são importantes para a análise dos processos de *accountability* utilizados pelas organizações, na medida em que ilustram a sua capacidade ou incapacidade de autofinanciamento.

---

[10] Decreto-Lei n° 119/83, de 25 de fevereiro de 1983.

2. *ACCOUNTABILITY* NO TERCEIRO SECTOR

Accountability é um conceito plural que pode ter diferentes significados consoante os atores, o contexto e o seu propósito, não existindo uma única definição concreta e operativa. Bovens (2010) refere que muita da literatura sobre *accountability* apresenta-se desconexa, pois os investigadores tendem a produzir a sua própria definição e utilizam concetualizações e enquadramentos distintos para estudar os processos de *accountability* (*cf.* Tabela 1).

Tabela 1 - Definições de accountability

Autores	Definições de *accountability*
Kearns (1994; 1996, cit. por Franco, 2004)	O autor distingue as definições de *accountability* restritas (*narrow*), centradas na capacidade de uma organização dar resposta a uma autoridade superior, cumprindo normas explícitas; de definições amplas (*broad*) que contemplam a abertura por parte das organizações ao escrutínio público, respeitando normas implícitas e subjetivas.
Edwards e Hulme (1995, p. 9)	*Accountability* consiste nos "meios pelos quais indivíduos e organizações reportam a uma, ou mais, autoridade(s) reconhecida(s) e são responsabilizados pelas suas ações".
Fox e Brown (1998; cit. por Ebrahim, 2010)	*Accountability* reporta-se ao processo de responsabilizar os atores pelas ações.
Cornwall, Lucas e Pasteur (2000; cit. por Ebrahim, 2003, p. 814).	*Accountability* tanto é "ser responsabilizado pelos outros", como "assumir a responsabilidade sobre si mesmo".
Ebrahim (2003a, p. 815).	*Accountability* "pode ser definida não só como os meios através dos quais indivíduos e organizações são responsabilizados pelas ações, mas também (...) assumem a responsabilidade interna para moldar os valores e a missão organizacional, para se abrirem ao escrutínio público e para avaliarem o seu desempenho em relação aos objetivos".
Murtaza (2012, inspirado nas conceções desenvolvidas por Schedler (1999) e Goetz & Jenkins (2002)	*Accountability* consiste no direito de ser envolvido em todas as fases e níveis do ciclo de gestão de desempenho de uma organização. Qualquer parte interessada pode ter o direito de participar no processo de gestão de desempenho de uma organização por diversas razões.

Fonte: elaboração das autoras

As definições de *accountability* não se esgotam nos exemplos apresentados. Estes servem apenas para ilustrar como as diferentes definições podem distinguir-se por uma abordagem mais restrita do conceito, que tende a enfatizar a resposta reativa às exigências e expectativas de financiadores, doadores e governos, focando-se em grande medida nas relações com este segmento privilegiado de *stakeholders*, ou por uma abordagem mais abrangente, que não restringe o conceito de *accountability* a uma resposta reativa às exigências externas (de governos e financiadores, em particular), mas que reconhece que é também uma iniciativa proativa e estratégica de procura de legitimidade e confiança públicas (Najam, 1996; cit. por Christensen e Ebrahim, 2006; Ebrahim, 2003b).

A pertinência da discussão dos processos de *accountability* no Terceiro Sector prende-se na verdade com a influência que os mesmos exercem na prossecução da missão social destas organizações. Razão pela qual Edwards e Hulme (1995) consideram que desenvolver os processos de *accountability* das OTS é um passo fundamental para que estas tenham mais autonomia para prosseguir a sua missão social. Na mesma linha, Brown (2008, cit. por Andrews, 2014) salienta que os processos de *accountability* podem reforçar a legitimidade das organizações e assim desempenhar um papel instrumental na sua capacidade para mobilizar recursos.

Nesta ótica, Kearns (1994; 1996, cit. por Franco, 2004) considera que cada organização, face às exigências de *accountability*, pode de facto assumir uma postura reativa (tática), reagindo ao que lhe é imposto, quer por parte de uma autoridade superior, quer por parte do público em geral, ou, por outro lado, uma postura proativa (estratégica), na qual procura gerir as expectativas públicas e posicionar-se estrategicamente, através da antecipação de leis e procedimentos, e do enfoque nos seus pontos fortes e adequados ao contexto onde intervém. Esta perspetiva (Kearns,1994; 1996, cit. por Franco, 2004) é representada através de um cubo (*accountability cube*), onde, na ótica do autor, se encontram patentes as três dimensões estruturais da *accountability*: autoridade externa e interna, normas explícitas (legislação, regulamentos, obrigações contratuais) e implícitas (valores, crenças e pressupostos) e postura organizacional, tática ou estratégica (Figura 2).

Figura 2 - Accountability Cube

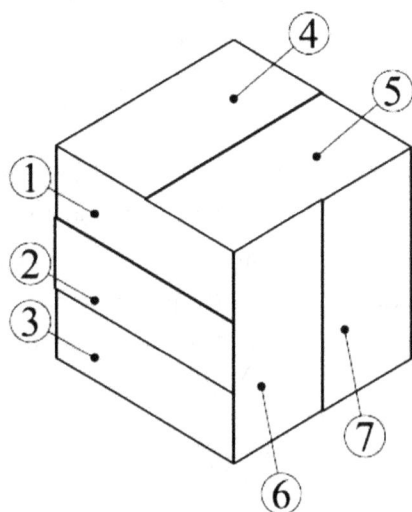

Legenda:
1 – Autoridade externa
2 - Autoridade interna
3 – Público
4 – Postura organizacional tática
5 – Postura organizacional estratégica
6 – Normas explícitas
7 – Normas implícitas

Fonte: Kearns 1996, cit. por Franco, 2004, p. 12

Cutt e Murray (2000) consideram que grande parte da discussão atual sobre a *accountability* se reflete no conceito de *accountability objetiva*, ou seja, nos requisitos formais para a prestação de contas imposta por uma das partes, mas reconhecem que, para além deste, existe o conceito de *accountability subjetiva,* que reflete o caráter moral dos atores sociais, e ocorre de forma voluntária, o que não invalida que envolva a adesão a normas formais, pelo que referem que a linha que separa um conceito do outro pode ser ténue e que são geralmente complementares.

As definições apresentadas espelham o caráter multidimensional e de certa forma ambíguo que caracteriza o conceito de *accountability*. Ainda assim, e apesar das limitações concetuais e operativas, é evidente que a definição de *accountability* comporta uma dimensão externa (explícita) de obrigatoriedade no cumprimento das normas prescritas e uma dimensão interna (implícita) de sentido de responsabilidade expresso na missão organizacional e na conduta individual (Chisolm, 1995, e Fry, 1995; cit. por Ebrahim, 2003, p. 814; Gregory, 1995; cit. por Walker, 2002).

2.1 *Accountability*, como conceito relacional e constructo social

Accountability é um conceito de natureza relacional que deve ser analisado no quadro de relações que as organizações estabelecem com os agentes a quem são *accountable*, e a partir do qual procuram construir significados e sentidos partilhados. Autores como Romzek e Dubnick (1987; cit. por Kearns, 1994), ao definirem *accountability*, focam-se na importância da relação com as partes interessadas da organização, ou seja, os meios pelos quais esta procura gerir e responder às suas diversas expectativas e necessidades. A Figura 3 sistematiza as diversas formas de *accountability* que existem para diferentes grupos de *stakeholders* (Cavill & Sohail, 2007; Ebrahim, 2010):

Figura 3 - Relações de accountability

Fonte: elaboração das autoras

A *accountability* ascendente é a mais frequente e também a mais estudada, servindo, por norma, para avaliar e medir resultados (a curto prazo) e averiguar a eficiência na utilização do capital investido. A explicação parece radicar na procura de sustentabilidade, em particular financeira, por parte das organizações, face às expectativas dos agentes

44

de financiamento, através de instrumentos (como planos de atividades, relatórios semestrais e anuais, relatórios de contas, avaliação de desempenho) que procuram mensurar o trabalho que desenvolvem. Ao fazê-lo as organizações podem porém comprometer a fidelidade à sua missão, na medida em que o alinhamento com os interesses de tais agentes pode desviá-las do seu foco e negligenciar elementos significativos que se relacionam com o alcance da sua missão a longo prazo (Young, 2002).

A teoria da agência (ou modelo do principal agente) esclarece como se processam as relações de *accountability* ascendente ao partir do pressuposto que alguns atores (designados por *principais*) pretendem delegar funções noutros (os *agentes*) para que estes contribuam para a prossecução dos objetivos dos primeiros. Para motivar os agentes a prosseguir os objetivos dos *principais*, recorre-se a incentivos legais e económicos e a responsabilidades fiduciárias. Os termos dos acordos devem ser negociados e esclarecer objetivos, recompensas e punições, numa lógica de transparência e de responsabilização (Brown & Jagadananda, 2007). Nesta ótica, a *accountability* pode ser definida como um direito (do *principal*) de exigir a prestação de contas ao agente, bem como de impor sanções caso não corresponda ao compromisso expectável (Leat, 1988,cit. por Ebrahim, 2003b). Aqui, os interesses do *principal* tendem a ser privilegiados, uma vez que qualquer desvio pode comprometer a relação entre ambos (Brown & Moore, 2001; Brown, Moore & Honan, 2004). Este modelo enquadra-se no nível de *accountability* que Leat (1988; cit. por Lewis, 2001) definiu como *accountability com sanções* (*full accountability*) que ocorre quando existe autoridade para exigir a prestação de contas a uma organização e para impor sanções, por exemplo através da redução ou suspensão de financiamento.

Esta perspetiva reflete-se no modelo de *accountability* funcional que se foca na relação entre *inputs*, *performance* e *outputs*. Este modelo consiste em contabilizar recursos consumidos, identificar atividades desenvolvidas e evidenciar resultados a curto prazo, podendo servir como via para a legitimação da organização, mas pouco contribui para a compreensão da mudança social e política que promove. Os mecanismos aqui utilizados – de controlo da qualidade e eficiência – podem contribuir de facto para melhorar as atividades das organizações, mas não necessariamente para capacitá-las a alcançarem a sua missão (Ebrahim, 2003a; Cavill e Sohail, 2007).

A predominância das relações de *accountability* ascendente também pode estar relacionada com a complexidade e falta de visibilidade dos processos de *accountability* dirigidos aos outros *stakeholders* (não financiadores), facto pelo qual tendem a ser desvalorizados (Christensen, 2002; Ebrahim, 2003; O'Dwyer e Unerman, 2010; Brown e Moore, 2001; Brown e Jagadananda, 2007). Porém, mais do que num sistema binário, as organizações atuam num sistema de relações multidirecional e complexo. Como as OTS são orientadas pela sua missão e são *accountable* a múltiplas partes interessadas, Moore (2000) e Ebrahim (2005) sugerem que não é evidente quem pode ser considerado o "principal". Os financiadores não são considerados os principais *stakeholders*, como são os acionistas nas empresas lucrativas, e o seu alinhamento com os objetivos da organização não é garantia da concretização dos objetivos da mesma, nem da satisfação das expectativas das outras partes interessadas. A sobrevivência das organizações passa pela sua capacidade de maximizar a criação de valor social, conforme definido na missão organizacional e percecionada por todos os agentes significativos.

Os processos de *accountability* podem e devem ser construídos em valores e visões partilhadas e nas relações de confiança mútua com as redes. O entendimento pelas partes interessadas da "razão de existir" (missão) da iniciativa e de como ela pretende agregar valor para a sociedade é um elemento crucial que determina um conjunto de opções estratégicas: para onde ir, quais as metas a priorizar e porquê, para quem e com que envolvimento. A clareza da missão visa garantir, em última instância, a legitimidade das propostas, a sua sustentabilidade (financeira, axiológica e sistémica) e, como tal, o impacte que elas podem produzir. Apenas uma iniciativa implementada por sujeitos profundamente envolvidos com uma missão e visão compartilhadas (perspetiva de futuro ancorada na criação de valor) pode produzir impactes significativos (Andreasen & Kotler, 2003).

Diferentes atores esperam tipos de informação e *feedback* distintos, por diversas razões (*cf.* Figura 4). Por exemplo, os membros da direção e financiadores muitas vezes exigem relatórios de avaliação formais, enquanto outros esperam um resumo do relatório financeiro; os cidadãos e comunidades, por seu turno, esperam ver resultados e mudanças que correspondam às suas necessidades (Bryant, 2007). Portanto, o desafio central que se impõe às OTS é encontrar o equilíbrio entre os processos de *accountability* de modo a responder às expectativas e necessidades de todos os agentes significativos (financiadores, entidade tutela, colaboradores, parceiros, cidadãos e comunidades), ao mesmo tempo que promovem mudanças positivas que contribuam para a concretização da sua missão social.

Figura 4 - Accountability interna e externa: stakeholders, informação e razões

		Accountability Interna			*Accountability* Externa	
	Stakeholder	Informação necessária	Porquê?	*Stakeholder*	Informação necessária	Porquê?
Criação de valor e impacto social	Membros da direção (incluindo investidores)	Sobre o processo	Para alinhamento de objetivos e alocação de recursos	Outras iniciativas sociais	Benchmarking e boas práticas	Para ajudar o Setor a ganhar legitimidade
	Órgãos de Gestão	Se os produtos e atividades resultam nas mudanças desejadas		Beneficiários	Se e como as iniciativas sociais estão a gerar impacte social na comunidade	Para atrair *clientes*
	Colaboradores		Para atrair e manter os melhores talentos	Investidores		Para atrair investidores
	Voluntários			Comunidade		Para ajudar o Setor a ganhar legitimidade
Criação de valor e impacto económico (financeiro)	Órgãos de Gestão	Sobre a geração de valores económicos e eficiência na alocação de recursos	Para gestão de finanças e tomada de decisão	Investidores	Retorno sobre o investimento e estabilidade financeira	Para alinhamento de objetivos e alocação de recursos
	Membros da direção que são investidores			Mercado	Serviços de qualidade a preços justos e competitivos	
				Consumidores		
				Outras iniciativas sociais	Benchmarking e boas práticas	

Fonte: adaptado de Volkmann, Tokarski, & Ernst (2012), p. 180.

As relações de *accountability* interna e horizontal são particularmente relevantes dado que permitem desenvolver valores, objetivos e projetos partilhados, e mobilizar os colaboradores, voluntários e parceiros da organização em torno da sua missão. Além disso, atenuam a pressão exercida pelos agentes de financiamento através da responsabilidade partilhada entre os atores e possibilitam processos de aprendizagem organizacional, legitimação e inovação, bem como através do conhecimento que é produzido na articulação com as partes interessadas. Iremos retomar esta discussão na análise dos mecanismos de *accountability* e dos seus contributos para a aprendizagem organizacional.

A *accountability* descendente, por seu turno, sustenta que as organizações devem integrar a participação dos cidadãos (beneficiários[11] diretos e indiretos) na reflexão sobre a sua missão organizacional e assim auscultar de que forma estão a dar, ou não, resposta às necessidades e aspirações daqueles que servem. Trata-se de uma forma de *accountability* que emana do sentido de responsabilidade das organizações e não de forças externas como na *accountability* ascendente. Apesar da importância que lhe é reconhecida existem poucas experiências documentadas que revelem relações de *accountability* descente contínuas e consistentes (Kilby, 2006; Jacobs & Wilford, 2010; O'Dwer & Unerman, 2010; Wellens & Jegers, 2014). Tal facto pode dever-se à ausência de mecanismos bem definidos, como existem na *accountability* ascendente, à carência de informação e poder percecionado pelos cidadãos, que por essa razão tendem a ser menos reivindicativos, ou ainda ao facto de estes raramente serem considerados partes interessadas estratégicas da organização (Ebrahim, 2010; O'Dwer e Unerman, 2010).

Todas as relações de *accountability* acima apresentadas dão corpo ao modelo de *accountability* mútua que se afigura particularmente relevante para as organizações do Terceiro Setor onde a *accountability* pode e deve ser construída em valores partilhados e nas relações com as redes. Foca-se portanto na criação de expectativas, moral e socialmente vinculativas, entre

---

[11] A utilização do termo beneficiário neste trabalho não pretende reduzir toda a significância das pessoas que recorrem aos serviços das OTS ao mero papel de recetores. A aplicação deste termo aqui deve-se apenas à sua utilização generalizada na discussão sobre os processos de *accountability*.

as partes interessadas, em torno de valores e objetivos comuns em vez de incentivos económicos e legais. Desta forma, as partes envolvidas assumem a responsabilidade e mobilizam-se para agir em conformidade com os objetivos partilhados. Neste modelo, as sanções pela violação das expectativas entre os *stakeholders* é de natureza social e relacional, e não de ordem económica ou legal (Brown, Moore e Honan, 2004). Por isso, é possível enquadrar o modelo de *accountability* mútua nos níveis de *accountability* explicativa (*explanatory accountability*) nos quais as organizações devem responder a várias solicitações de informação, mas as sanções, quando são aplicáveis, cingem-se à desaprovação, e de *accountability* responsiva (*responsive accountability*) onde não existe uma sanção formal, mas interfere com a relação de confiança (Leat, 1988; cit. por Lewis, 2001).

Cumprir o "ideal moral" que radica na essência dos processos de *accountability*, conforme Brown e Moore (2001) designaram para a concretização da missão e do dever que cada ator social assumiu cumprir, independentemente de pressões externas e expectativas das partes interessadas, é também uma opção estratégica dado que pode servir para gerir tais expectativas e reforçar inclusive a capacidade das organizações para atingirem a sua missão.

Neste âmbito, falamos do modelo de *accountability* estratégica que se foca na forma como as organizações estão a prosseguir a sua missão e o impacte que produzem na comunidade e nas pessoas. Diferencia-se assim por atuar sobre as causas dos problemas e centrar-se nas mudanças estruturais que promove, em vez de nas mudanças imediatas como acontece na *accountability* funcional. Porém, apurar as mudanças a longo prazo tem sido difícil, e mediante pressões para a visibilização de resultados, as organizações tendem a socorrer-se das conquistas mais imediatas, centrando-se na *accountability* funcional, em detrimento da estratégica que tende a permanecer baixa na relação com todas as partes interessadas (Ebrahim, 2003a; Cavill & Sohail, 2007).

Crack (2013) reporta-se a estes processos agrupando-os em duas reformas. A primeira é centrada na demonstração de uma boa gestão financeira e em conformidade com os pressupostos legais que regulam a atuação das organizações sociais, por isso os mecanismos de *accountability* focam a gestão dos recursos e os resultados obtidos a curto prazo e são essencialmente orientados para responder aos interesses e expectativas dos agentes que financiam e tutelam estas organizações. A segunda reforma decorre da necessidade de atender às expectativas das pessoas que sustentam a razão de ser da organização e por isso apresenta uma perspetiva holística dos processos de *accountability* na relação com todos os atores sociais, com particular enfoque nas pessoas e comunidades que servem. É inspirada nas noções de desenvolvimento centrado nas pessoas, capacitação das comunidades e tomada de decisão participativa, e pressupõe uma prática reflexiva e crítica de aprendizagem mútua e contínua.

Em jeito de síntese, a Figura 5 enquadra as relações de *accountability* acima apresentadas no universo mais restrito do modelo do principal agente e da *accountability funcional*, e no universo mais abrangente do modelo de *accountability* mútua e estratégica.

Figura 5 - Enquadramento das relações com as partes interessadas nos modelos de accountability

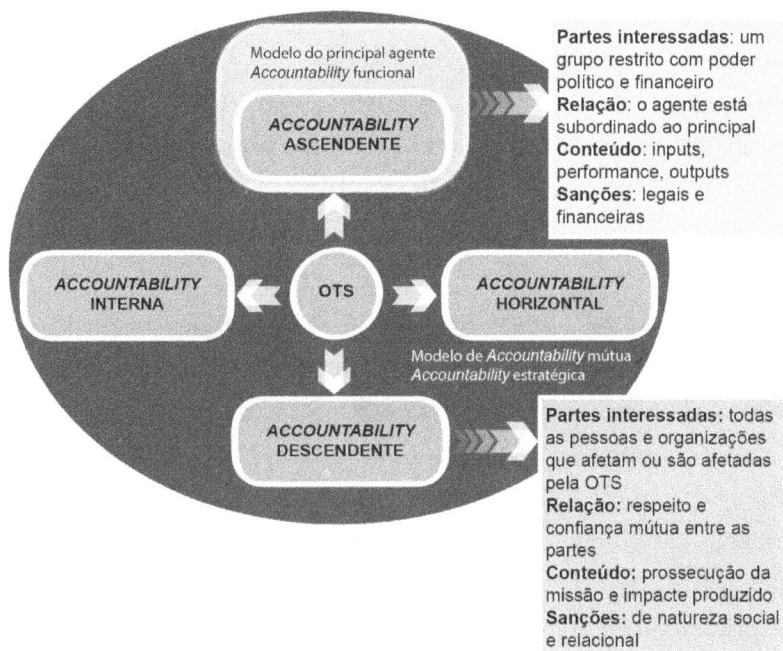

Fonte: elaboração das autoras

2.2 Modelos e perspetivas sobre a accountability no Terceiro Setor

Um olhar sobre a literatura permite identificar um conjunto de modelos e perspetivas, em grande medida influenciadas pelas abordagens económicas e organizacionais, que enquadram e explicam os sistemas de *accountability* utilizados nas organizações do Terceiro Setor. A este nível podemos desde logo distinguir uma abordagem normativa e uma abordagem relacional.

A abordagem *normativa* centra-se no facto de as organizações sociais serem moralmente obrigadas a informar a sociedade sobre a forma como têm prosseguido a sua missão; a *relacional* sustenta-se no pressuposto de que a *accountability* não existe numa organização isolada, isto é, sem se reportar a outros atores sociais e por isso ela é o reflexo das relações entre esses diferentes atores.

A perspetiva dos *stakeholders,* importante quer numa abordagem normativa, quer na compreensão relacional de *accountability*, salienta a diversidade de partes interessadas a quem as organizações são *accountable* e a dificuldade de satisfazer expectativas diferenciadas. A abordagem baseada em regras, associada a uma perspetiva normativa *de accountability,* foca-se sobretudo nos procedimentos, normas e regras de *accountability* definidas, objetiva e explicitamente, que servem, em particular, os superiores hierárquicos; enquanto a perspetiva estratégica se concentra nas estratégias desenvolvidas pelas organizações para sustentar a sua missão organizacional, em estreita articulação com todas as partes interessadas. Por último, a abordagem da aprendizagem apela à utilização da *accountability* como instrumento de aprendizagem organizacional para melhorar a sua *performance* e alcançar a sua missão (Benjamin, 2008; Brown e Moore, 2001; Ebrahim, 2003b; Ebrahim, 2005; Jäger, 2010; Kearns, 1994). A maior ou menor relevância de cada uma das abordagens (cf. Tabela 2) relaciona-se com o modo como os contextos são percecionados.

Tabela 2 - Abordagens sobre a accountability

Abordagem	Principal conceito	A quem?	Como?
Normativa	Normativo/ético	Sociedade	- Obrigação moral de justificar a forma como as OTS estão a alcançar a sua missão
Relacional	Stakeholders	Conjunto particular de stakeholders: pessoas que fazem parte da organização	- Negociação de critérios, indicadores e interpretações do que é o sucesso - Legitimidade é construída socialmente
Stakeholder	Stakeholders externos	Stakeholders: membros da direção, financiadores, governo, doadores, colaboradores, voluntários, beneficiários diretos, público em geral	- Múltiplas abordagens para satisfazer as diferentes expectativas dos stakeholders
Baseada em regras	Juridicidade	Conjunto particular de stakeholders	- Padrões objetivos de avaliação - Fluxos de informação legais e previsíveis
Estratégica	Estratégia	Financiadores e outros stakeholders para captar recursos	- Ferramentas que sustentem a missão das OTS (e.g., informação sobre os resultados alcançados)
Aprendizagem	Aprendizagem organizacional	OTS para melhorar a sua eficácia	- Aprender como melhorar atividades de modo a alcançar a sua missão - Criar uma cultura de accountability que é construída na missão e nos seus propósitos

Fonte: adaptado de Jäger (2010), p. 17-18.

A teoria institucional esclarece como o meio molda a estrutura e o comportamento organizacional. Todas as organizações estão sujeitas a um conjunto de normas, regras, pressões e sanções, que as compelem a conformarem-se com as mesmas de modo a obterem apoio e legitimidade. DiMaggio e Powell (1983) falam deste processo em termos de isomorfismo coercivo, produto das relações de poder e dependência que surgem dos processos de contratação com o Estado; de isomorfismo mimético, manifesto quando as organizações se modelam umas às outras na resposta à incerteza (simbólica) e de isomorfismo normativo relacionado com os processos de profissionalização.

A teoria da dependência dos recursos sugere que as organizações devem atender às expectativas de quem detém os recursos necessários à sua atividade e sobrevivência (Pfeffer e Salancik, 2003; cit. por Lopes, 2012), ainda que possam reduzir essa dependência e procurar a sua autonomia.

Alnoor Ebrahim (2009) ao discutir a natureza normativa dos atuais debates sobre os processos de *accountability* no Terceiro Setor identificou três grandes categorias: a da governação organizacional, centrada no papel dos conselhos de administração; a da *performance*, focada na demonstração de resultados e, intimamente relacionada com esta mas menos explorada, a da missão organizacional. A cada uma delas faz corresponder um "regime" de *accountability*: o coercivo e punitivo, o profissional e tecnocrático, e o estratégico e adaptativo. O autor conclui que as discussões existentes em torno da governação organizacional e da *performance* tendem a enquadrar os processos de *accountability* em termos coercivos/punitivos e profissionais/tecnocráticos. Deste ponto de vista, os problemas associados aos processos de *accountability* tendem a ser relativamente fáceis de identificar. Por norma encontram-se associados a questões de má gestão de recursos financeiros ou falta de conhecimentos e de competências de gestão na definição e cumprimento de metas. De igual modo, as soluções para tais problemas tendem a ser simples, passando por uma regulamentação mais exigente e por sanções legais ou sociais (no "regime" coercivo), ou pela melhoria de competências técnicas (no "regime" tecnocrático).

Mais complexa, a "lógica normativa" da missão organizacional sugere que melhorias na *performance* organizacional podem e devem ser alcançadas pela melhor integração da missão na *performance*, através da aprendizagem organizacional ("regime" adaptativo e estratégico). Esta "lógica" contempla uma visão a longo prazo da avaliação da *performance*, realçando a iteração e a aprendizagem. Sustenta-se assim no pressuposto de que os gestores das organizações não sabem *a priori* qual a melhor forma para alcançar os seus objetivos nem o que medir ao longo da sua trajetória de ação. Como tal, defende que as experiências repetidas e a reflexão crítica podem conduzir a novas perceções. O que sugere que não existem panaceias para resolver as necessidades sociais, pois a sua resolução implica capacidade para lidar com a incerteza e com circunstâncias complexas em constante mudança. Além disso, os objetivos organizacionais e as estratégias para alcançá-los são eles próprios sujeitos a adaptações, resultado de uma maior compreensão sobre as necessidades sociais que têm procurado resolver. Assim sendo, o desafio aqui consiste em colocar em prática processos que permitam uma reflexão crítica e sistemática e uma adaptação constante, enquanto se mantém o foco na resolução das necessidades sociais (Ebrahim, 2010).

2.3 Mecanismos de *accountability*

Os mecanismos de *accountability* integram os meios pelos quais as organizações informam, negoceiam e consultam as partes interessadas sobre um conjunto de aspetos relativos ao seu desempenho e missão.

De acordo com Ebrahim (2003; 2010), os mecanismos de *accountability* tanto podem ser instrumentos como processos, e tanto podem estar definidos formal e explicitamente, como informalmente (Brown, Moore e Honan, 2004). Os instrumentos documentam os objetivos da organização a curto prazo e os resultados obtidos (por exemplo, através de planos de atividades, relatórios anuais e semestrais, relatórios de contas, avaliação de desempenho). Os processos distinguem-se por serem mais completos e diversificados, podendo inclusive envolver instrumentos, por serem menos tangíveis e circunscritos no tempo (*e.g.* participação e aprendizagem adaptativa) e por se centrarem na forma como a ação está a decorrer e não tanto no produto final. Consoante a parte interessada a quem se destina, o mecanismo utilizado e o tipo de informação que é transmitida diferem. Por exemplo, quando se dirige a superiores hierárquicos (*accountability* ascendente), como existem diretrizes, a informação tende a ser mais quantitativa e mais ou menos uniforme (*e.g.* relatório de contas e plano de atividades); quando se destina aos parceiros e beneficiários da organização (*accountability* horizontal e descendente), o processo faz-se, por norma, por iniciativa das organizações, tendo por base o seu compromisso e sentido de responsabilidade expressa na missão, e recorre a mecanismos menos formalizados (*e.g.* meios de informação e comunicação que disseminam a missão da organização).

Os mecanismos de *accountability* também podem ser distinguidos por mecanismos de transparência, participação e avaliação (Ebrahim, 2003; 2005; 2010):

Tabela 3 - Caracterização dos mecanismos de accountability

	Função	Propósito	Limitações
Transparência	Informar sobre a estrutura organizacional, as ações desenvolvidas e os recursos despendidos	Legitimar as organizações e incentivar o seu sentido de responsabilidade e comportamento ético	Principal enfoque em dados quantitativos e financeiros, em detrimento de dados qualitativos que espelhem a verdadeira amplitude e qualidade do trabalho desenvolvido
Participação	Envolver as partes interessadas na tomada de decisão	Legitimar as organizações e contribuir para a prossecução da sua missão	Raramente é aplicada de forma efetiva e consequente, pois muitas vezes a participação é meramente simbólica
Avaliação	Informar sobre o trabalho desenvolvido e os resultados obtidos	Analisar o contributo dos resultados obtidos para a missão e os objetivos definidos; promover a aprendizagem organizacional com vista à melhoria de práticas	Muitas vezes, quer o processo, quer o conteúdo da avaliação não permitem refletir de forma aprofundada e consistente sobre os impactes da ação na concretização da missão, nem permitem uma aprendizagem efetiva.

Fonte: elaboração das autoras

Através da análise destes mecanismos é possível perceber que os pressupostos da *accountability* ultrapassam a mera função de identificar e punir o fraco desempenho à luz dos objetivos previamente definidos, com que muitas vezes tendem a ser reconhecidos. Mais do que isso, estes mecanismos pretendem ajustar os objetivos às especificidades (e necessidades) do contexto, dinâmico por natureza; evitar o fraco desempenho procurando proactivamente melhorar práticas de atuação; aumentar a aprendizagem partilhada entre as partes interessadas e aumentar a justiça no acesso ao poder e aos recursos através da participação (Murtaza, 2012).

No entanto, ainda é necessário aprofundar a investigação sobre os mecanismos de *accountability*, pois estes apresentam várias fragilidades no que toca ao rigor, à qualidade, à objetividade e à consistência. Lisa Jordan (2005) pontua a falta de consenso sobre as métricas a utilizar, a existência de uma relação privilegiada com os agentes de financiamento e governos, a desconexão entre a realidade e o contexto específico de intervenção das organizações, e por último, o facto de se tratar de um processo moroso que envolve elevados custos. Fatores que condicionam a concretização dos pressupostos acima referidos.

2.3.1 Relação entre mecanismos de *accountability*, participação e *empowerment*

Tradicionalmente, a análise sobre a eficiência das OTS recai sobre critérios objetivos e mensuráveis, como a eficiência na captação e utilização dos recursos financeiros (Ritchie & Kolodinsky, 2003; cit. por Wellens & Jegers, 2014). No entanto, como vimos, é necessário complementar esta análise com a perceção de diversas partes interessadas. Brown (2005, cit. por Wellens & Jegers, 2014) sugere que, desta forma, se pode aumentar a compreensão sobre os processos de governação das organizações. Por governação deve-se entender "um conjunto de estruturas de autoridade e de fiscalização do exercício dessa autoridade, internas e externas, tendo por objetivo assegurar que a organização estabeleça e concretize, eficaz e eficientemente, atividades e relações contratuais consentâneas com os fins privados (ou sociais) para que foi criada e é mantida e as responsabilidades sociais que estão subjacentes à sua existência" (Silva, 2006; cit. por Azevedo, 2013, p.45). Aqui estão implícitos os princípios de justiça, transparência e responsabilidade na relação com as partes interessadas que podem minimizar a prossecução de interesses próprios e o conflito de interesses. Conforme refere Azevedo (2013, p. 46) tal "implica fazer com que os diversos *stakeholders* de uma organização sejam capazes de ter um comportamento assente na justiça e na responsabilidade, na divulgação atempada e rigorosa de informação relevante para que o processo de tomada de decisões seja eficiente, responsável, participado, informado e rigorosamente monitorizado, e onde os Órgãos de Gestão são responsabilizados pelas decisões tomadas e obrigados a agir de acordo com a legislação em vigor e os mais elementares princípios de ética".

Aqui será dada particular relevância ao papel das partes interessadas que usufruem dos bens e serviços das OTS e à forma como esse papel é promovido pelas próprias organizações. São vários os benefícios associados à participação deste grupo em tais processos, entre os quais se destacam a possibilidade de haver um maior alinhamento das OTS com as expectativas da comunidade que servem, de existir mais aprendizagem partilhada sobre boas práticas, de transmitir maior segurança aos agentes financeiros e de governo, de ajudar a alcançar os pressupostos de moralidade e transparência que as OTS subscrevem para aumentar a sua legitimidade e influência (Murtaza, 2012). Além disso, por esta via, pode-se melhorar a qualidade, eficácia e eficiência dos serviços prestados (Wellens & Jegers, 2014), proteger as OTS de certas imposições ou ataques motivados politicamente (Wenar 2006; Unerman and O'Dwyer 2006; Wenar 2006; Unerman and O'Dwyer 2006; cit. por Murtaza, 2012) e reduzir os sentimentos de opressão existentes entre as pessoas que residem em comunidades com baixos recursos financeiros. Todavia, existe pouca evidência empírica sobre a forma como as OTS, e até as organizações do setor público, procuram ativamente dotar as pessoas de mecanismos que lhes permitam participar no processo de tomada de decisão, designadamente na definição de prioridades de ação, no planeamento e avaliação.

Lipsky (1980, cit. por Hardina, 2011) sugere que as organizações que não consultam as pessoas sobre os serviços que prestam podem contribuir para sentimentos de marginalização e estigmatização entre a comunidade que servem precisamente porque os profissionais têm o poder de decidir quem pode beneficiar do apoio. Desta forma, Handler (1992, cit. por Hardina, 2011) considera que os beneficiários tendem a tornar-se dependentes dos profissionais que providenciam os recursos de que necessitam para sobreviver. Promover a participação das pessoas, conferindo-lhes a possibilidade de intervir no processo de tomada de decisão, pode servir para restaurar a reciprocidade no processo de prestação de serviços, facto que tem a dupla capacidade de reduzir o sentimento de marginalização e promover a melhoria dos serviços prestados (Gutierrez, Parsons, & Cox, 1998; cit. por Hardina, 2011).

Esta abordagem sugere que ao informar e envolver as partes interessadas se procura contribuir também para o seu *empowerment*, na medida em que a partilha de informação, a auscultação das suas perspetivas e desejos de mudança e a participação consequente na tomada de decisão deve contribuir para uma maior autonomia, oportunidade de escolha e maximização do seu potencial. Lisa Jordan (2007) acrescenta que os processos de *accountability* devem permitir solidificar os direitos dos cidadãos, debater e atuar coletivamente sobre questões de interesse comum, afirmar novos direitos e exercer influência sobre as políticas que afetam as suas vidas. Tal implica uma abordagem colaborativa de partilha de poder de igual forma entre todos (Pateman, 1970; cit. por Warren, 2007), onde tanto profissionais como cidadãos podem participar ativamente na tomada de decisão e influenciar a mudança. O poder, segundo Lemieux (cit. por Ninacs, 1995), consiste em transformar uma escolha numa decisão, tem lugar num quadro de ação e o seu exercício assenta na tripla capacidade de escolher livremente, de decidir em função da escolha e, por fim, de agir em função da decisão, capacidade essa que constitui o cerne da autonomia. O desenvolvimento destas capacidades consubstancia o processo de *empowerment*. Um processo complexo, pois comporta múltiplas dimensões, variando e estando dispostas consoante a realidade da pessoa e do respetivo contexto.

As primeiras referências à abordagem de *empowerment* datam de finais da década de 1970 e início da década de 1980, e pretendiam ajudar as pessoas a percecionar o poder que detêm para resolver os seus próprios problemas e para influenciar a mudança política (Rose & Black, 1985; cit. por Hardina, 2011). Hardina (2011) cita vários benefícios desta abordagem ao nível do desenvolvimento da capacidade de liderança, da redução de sentimentos de opressão e da promoção de um sentido de autoeficácia nas pessoas que recorrem aos serviços. Por parte dos profissionais das organizações, participar na tomada de decisão organizacional, abriu a possibilidade de planear e avaliar projetos de intervenção, encorajar processos de *advocacy* para melhorar os serviços, incentivar a autonomia dos profissionais e reduzir o peso das estruturas hierárquicas através do trabalho de equipa.

Falar de participação implica, porém, esclarecer que existem vários níveis de participação que se distinguem, entre meros rituais de participação ou uma influência real na tomada de decisão. Por exemplo, Sherry Arnstein (1969) sugere a existência de oito patamares de participação que oscilam entre a manipulação e o controlo social (*cf.* Figura 6). Estes patamares agrupam-se em três níveis:

i. não participação (integra os patamares da manipulação e da terapia), onde não existe uma participação genuína das pessoas, nem sequer uma auscultação efetiva, mas antes uma tentativa de "educar" os "participantes" para acolherem as propostas que os decisores esperam ver aprovadas ou implementadas;

ii. graus de participação simbólica (envolvem os patamares da informação, consulta e pacificação), nos quais se verifica uma oportunidade limitada de diálogo (ouvir e ser ouvido) entre os decisores e os cidadãos, mas não permite uma mudança significativa do *status quo*;

iii. graus de poder de cidadania (integra os patamares da parceria, do poder delegado e do controlo social), onde os participantes podem negociar de igual para igual e participar efetivamente na tomada de decisão.

Figura 6 - Escada de participação de Sherry Arnstein (1969)

8	Controlo social	
7	Poder delegado	Graus de poder de cidadania
6	Parceria	
5	Pacificação	
4	Consulta	Participação simbólica
3	Informação	
2	Terapia	
1	Manipulação	Não participação

Fonte: Adaptado de Sherry Arnstein (1969), p. 217

Não obstante as limitações da proposta de Arnstein (1969), nomeadamente no que se refere às motivações para a participação, aos atores envolvidos, ao processo e aos resultados (Arnstein, 1969; Tritter & McCallum, 2006), o que neste trabalho se pretende salientar é a existência de vários níveis de participação (com diferentes sentidos consoante os autores, por exemplo, Gardner & Lewis, 1996; cit. por Ebrahim, 2010; Tritter & McCallum, 2006; Warren, 2007), cuja influência na tomada de decisão varia, podendo ser mais ou menos apropriados em função dos atores, dos momentos e dos contextos. O importante é que o processo seja transparente e claro nos seus objetivos para que não se reduza, como sugere Najam (1996a; cit. por Ebrahim, 2010), a um ritual simulado que, por sua vez, se traduz numa *accountability* simulada.

Apesar da importância atribuída aos mecanismos de participação, os dados empíricos revelam algumas fragilidades no que se refere ao envolvimento significativo e consequente dos beneficiários na tomada de decisão (este aspeto será retomado no capítulo IV). Por exemplo, Hardina (2011, cit. por Wellens & Jegers, 2014) identificou algumas barreiras no processo de tomada de decisão organizacional que se prendiam com:

i) a necessidade de obedecer a regras rígidas, face à existência de requisitos burocráticos e de estruturas de tomada de decisão hierárquicas;

ii) o facto de algumas partes interessadas questionarem as competências dos beneficiários para influenciar positivamente a política;

iii) o perigo de representação de elites face à impossibilidade de todos participarem na tomada de decisão (argumento que é muitas vezes utilizado contra a implementação de mecanismos de governação relacionados com a participação dos beneficiários);

iv) a dificuldade de encontrar um equilíbrio entre as necessidades, expectativas e objetivos das várias partes interessadas;

v) o tempo e os recursos necessários.

2.3.2 Relação entre mecanismos de *accountability*, avaliação e qualidade

Os mecanismos de avaliação servem não só uma função utilitária (*i.e.*, avaliar o desempenho e o impacte), como também uma função simbólica – alcançar maior legitimidade organizacional e captar recursos (em particular, humanos e financeiros). Porém, estes não devem esgotar-se em si mesmos e devem servir para melhorar o trabalho que as organizações desenvolvem, nomeadamente através da aprendizagem organizacional. No entanto, o formato em que a avaliação tem vindo a ser instituída, grande parte sob a forma de um conjunto de regras de conduta, tendem a desfavorecer a aprendizagem organizacional, na medida em que se orientam para o cumprimento dos objetivos de desempenho e controlo de gastos financeiros, não sendo um contributo significativo para a melhoria de práticas no futuro. A questão que aqui se coloca é a de saber, como refere Fry, (1995; cit. por Ebrahim, 2003b), se a *accountability* é experienciada como processo de monitorização ou de capacitação. Os financiadores e governos tendem a centrar-se nos meios externos de assegurar a *accountability* (por exemplo, medidas de monitorização) e, ao fazê-lo, podem negligenciar questões importantes ligadas à integridade e missão das organizações. Edwards e Hulme (1995) sugerem que desta forma se pode acabar por distorcer os propósitos da *accountability*, pela sobrevalorização de metas quantitativas a curto prazo e de indicadores estandardizados, e que ao favorecer estruturas de gestão hierárquicas, se incorre numa tendência para a *accountancy* (contabilidade) e não para a *accountability*, isto é, para a auditoria, em detrimento da aprendizagem.

Quando se fala sobre avaliação, coloca-se a questão sobre o que deve ser avaliado e como deve ser realizada a avaliação. Bell *et al.* (2010, p.41) identificaram sete critérios para avaliar o impacte social:

i) Alinhamento com a missão (congruência entre as atividades e projetos e contributo para a produção de valor social da organização);

ii) Excelência na execução (eficácia no cumprimento dos planos de trabalho e análise de como o potencial dos membros da equipa é ou não valorizado adequadamente);

iii) Escala ou volume (número de programas e ações previstas e realizadas);

iv) Profundidade (importância atribuída pelos beneficiários de um determinado projeto/ação, independentemente da escala, e avaliação do seu nível de participação desde a conceção);

v) Relevância (resolução de uma lacuna importante e avaliação do nível de prioridade para os beneficiários);

vi) Cooperação (contribuição das iniciativas para o fortalecimento de toda a comunidade);

vii) Influência (contribuição de cada projeto/ação para o fortalecimento ou licenciamento de outros).

Blom e Morén (2012) sugerem que uma das razões que pode explicar a ausência de consensos sobre a avaliação na intervenção social se prende com o significado atribuído à sua missão, dado que pode diferir entre indivíduos, organizações e culturas. Por exemplo, para uns a intervenção social existe para colmatar necessidades sociais, para outros existe para emancipar os cidadãos; para uns orienta-se para o controlo social e para a regulação, para outros visa sobretudo a mudança. Para Blom e Morén (2012) a intervenção social visa promover a qualidade de vida das pessoas socialmente vulneráveis, conceção que influencia a sua perceção sobre o processo de avaliação, pois a qualidade de vida surge como um aspeto importante a considerar nos *outcomes*.

Na intervenção social é difícil apreender os múltiplos sentidos que o conceito de qualidade pode assumir, dado que envolve dimensões abstratas e imateriais. Por isso discernir o que se entende por qualidade na intervenção social envolve expectativas e comparações (Stake e Schwandt, 2006; cit. por Blom e Morén, 2012), o que significa que a qualidade raramente é inequívoca e muitas vezes é questionável. Como Stake e Schwandt (2006, p. 405; cit. por Blom e Morén, 2012) referem "a qualidade é multifacetada, contestável e nunca é totalmente representável".

Blom e Morén (2012) alertam para um conjunto de questões que importa considerar quando se procura compreender e discernir a qualidade na intervenção social. Primeiro referem que, se por um lado, a estandardização pode servir como princípio condutor, nem todos os aspetos podem ser estandardizados, como a relação de ajuda entre o profissional e o cidadão. Em segundo lugar, sugerem que muitas vezes as organizações são valorizadas pelos seus recursos e pelos serviços que prestam (*outputs*) (como por exemplo, o número que pessoas que apoiam) e salientam a importância de compreender os efeitos das intervenções na vida dos cidadãos (*outcomes*), ainda que seja difícil pelo nível de abstração que pode comportar. Neste âmbito, introduzem a distinção entre a qualidade do serviço e a qualidade de vida, uma vez que a correlação positiva entre as duas nem sempre é evidente. Citando o trabalho de Osborne (1992), Blom e Morén (2012) demonstram como uma compreensão abrangente sobre a qualidade da intervenção social passa não só pelo conhecimento sobre a qualidade do serviço (*inputs, processo* e *outputs*) e a qualidade de vida (*outcomes*), mas também sobre as influências do contexto social (*cf.* Figura 7).

Figura 7 - Distinção e complementaridade entre a qualidade do serviço e a qualidade de vida

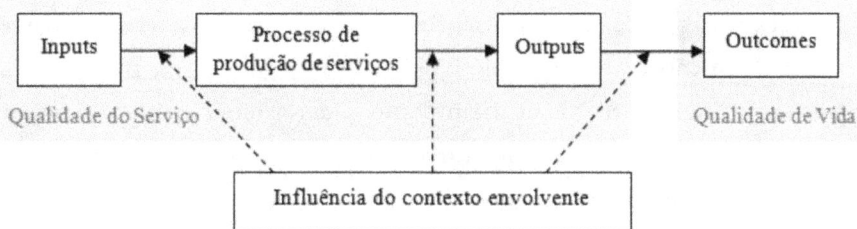

Fonte: adaptado de Osborne (1992), cit. por Blom e Morén,2012; Cutt e Murray, 2000, p.36.

Os *outputs* estão relacionados com a qualidade dos serviços e reportam--se ao desempenho das organizações, enquanto os *outcomes* se referem à qualidade de vida das pessoas, os quais tanto podem ser mensurados a curto ou a longo prazo, como em termos de maior ou menor profundidade. Os resultados podem ser caracterizados por aspetos superficiais, como adaptações ao contexto, e por aspetos mais profundos como mudanças significativas na vida das pessoas. Desta forma, Blom e Morén (2012) salientam a complexidade de avaliar a qualidade na intervenção social, falando de resultados como parte de um processo, e considerando-a dinâmica e mutável, pelo que não pode ser inequivocamente estabelecida num determinado momento.

Também Cutt e Murray (2000) salientam que, enquanto a importância da avaliação pode ser consensual, o processo suscita várias discussões uma vez que problemas e falácias podem surgir e deturpar os resultados obtidos. Uma das falácias pode surgir quando um resultado é deduzido indevidamente pelos instrumentos e indicadores utilizados, ou quando são considerados incorretamente como válidos certos instrumentos de mensuração e avaliação. Outra das falácias prende-se com o nível da avaliação (individual, dos projetos/programas, da organização ou do sistema social), pois a *performance* organizacional pode ser indevidamente inferida a partir da avaliação dos programas ou do desempenho individual. Por último, os autores referem falácias ao nível dos efeitos colaterais que tendem a não ser contemplados. Muitas vezes, os resultados mensurados relacionam-se estritamente com os objetivos definidos e não têm em consideração os efeitos colaterais que podem criar.

A literatura sugere que um processo de avaliação ideal deve começar pela definição clara dos objetivos a atingir, porém, na prática, essa definição é difícil de alcançar, bem como a determinação inequívoca de indicadores que permitam mensurar resultados. Por exemplo, quando se pretende contribuir para o bem-estar dos cidadãos de uma comunidade, este objetivo envolve múltiplas dimensões (pessoais, familiares, relacionais, profissionais, económicas, sociais e culturais) e criar um entendimento claro e abrangente sobre as mesmas pode revelar-se de difícil concretização e com riscos não negligenciáveis de enviesamento e de simplismo. Além disso, a escolha de indicadores e instrumentos de avaliação capazes de apreenderem toda a complexidade dos impactes produzidos pela intervenção da organização pode ser difícil e dispendioso (Cutt & Murray, 2000).

Perante a dificuldade de criar sistemas de avaliação adequados e de interpretar devidamente os resultados obtidos, alguns especialistas na área da avaliação sugerem que apenas os programas devem ser avaliados, porque são suficientemente específicos e têm objetivos mensuráveis. Porém, avaliar os programas não permite alcançar uma compreensão global sobre os impactes da intervenção dado que consistem em meios para atingir finalidades mais abrangentes como a missão organizacional. Reconhecendo as dificuldades e falácias associadas aos sistemas de avaliação, Cutt e Murray (2000) apontam algumas vias para minimizar esses problemas que passam por desenvolver padrões de referência que sejam comparáveis e permitam analisar tendências ao longo do tempo, em detrimento da definição de padrões absolutos. Além disso, referem que é necessária mais investigação, formação e experiência para refletir sobre as conexões entre os programas, a missão organizacional e os impactes no sistema social; sobre o modo como os processos/atividades se relacionam com os resultados; sobre a validade e fidelidade dos indicadores e instrumentos de avaliação e sobre a análise dos efeitos colaterais. Por último, salientam que para uma avaliação ter sucesso deve privilegiar-se a criação de uma cultura de *accountability*, entendida não como uma ameaça, mas como um incentivo para aprender e mudar.

2.3.3 Relação entre mecanismos de *accountability* e aprendizagem organizacional

A articulação entre os processos de *accountability* e a aprendizagem organizacional é, na teoria, referida como complementar, porém, na prática, Ebrahim (2005) sugere que, pela forma como a informação tem sido recolhida e utilizada, não se tem revelado muito consequente ao nível da aprendizagem e do desempenho das organizações.

Para Garvin, Edmondson e Gino (2008), as organizações devem tornar-se hábeis a criar, adquirir e transferir conhecimentos e a modificar o seu comportamento no sentido de refletir com abertura e de forma sistémica as questões da organização, de modo a tornarem-se mais eficazes e competitivas. Este é também um dos pressupostos que está na base dos processos de *accountability*. Para reforçar esta perspetiva de que a *accountability* e a aprendizagem organizacional podem e devem ser complementares e não dissonantes, Guijt (2010) esclarece que ser *accountable* implica analisar, refletir e transmitir informação sobre o que se fez, como e porquê, passos que estão igualmente subjacentes à aprendizagem organizacional. Portanto pode-se afirmar que, por um lado, a *accountability* envolve um processo de aprendizagem organizacional contínuo, e, por outro, que a aprendizagem pressupõe um processo de descoberta e questionamento sobre a correspondência entre o que foi feito e o que se pretendia concretizar. Reconhecendo a complementaridade entre ambas, o autor sugere que se considere uma ao serviço da outra, por exemplo, colocando os processos de aprendizagem a reverter para os instrumentos de *accountability*.

Argyris e Schön (1978; cit. por Parente, 2006) definem aprendizagem organizacional enquanto processo de identificação e correção de erros, que se desenvolve em dois ciclos: o de primeiro nível (*single loop learning*) e o de segundo nível (*double loop learning*). A aprendizagem de primeiro nível ocorre quando há a identificação e correção de erros, mas não se verificam alterações nas características e no funcionamento da organização. Consiste numa aprendizagem adaptativa, corretiva e incremental, dado que as mudanças são desenvolvidas de acordo com as normas, pressupostos e objetivos vigentes nas organizações, não havendo um questionamento efetivo sobre os problemas e respetivas causas. Os pequenos ajustes que permitem corrigir os erros, podem ainda assim melhorar a eficácia a curto prazo. A aprendizagem de segundo nível (ou em ciclo duplo) vai mais longe, na medida em que implica a alteração das normas e pressupostos das organizações. Não se cinge à correção de erros, mas foca-se também nas suas causas. Na organização poderá levar ao questionamento dos valores que sustentam as estratégias de ação e à introdução de alterações (*e.g.,* ao nível das normas) que permitam um funcionamento organizacional mais eficiente e eficaz.

A proposta de Argyris e Schön (1978; cit. por Parente, 2006) remete ainda para um outro ciclo de aprendizagem transversal, conhecido por *second-order learning* ou *deutero-learning*, que combina os dois primeiros níveis de aprendizagem e ocorre quando a organização "aprende a aprender". Os colaboradores "aprendem ao refletir sobre os contextos prévios da aprendizagem, ao descobrir as situações facilitadoras e inibidoras da aprendizagem, ao questionar as experiências passadas da organização e ao inventar novas estratégias, inserindo os resultados da aprendizagem em imagens individuais e mapas públicos, que refletem a prática da aprendizagem organizacional" (Argyris e Schön, 1978, p. 27; cit. por Parente, 2006, p.94). Neste caso, os processos de aprendizagem prendem-se com os conteúdos da mesma e com as suas consequências para a alteração ou manutenção dos quadros de referência da organização. Os diferentes ciclos de aprendizagem não podem pois ser classificados como mais ou menos efetivos. Por vezes, pequenas correções no quotidiano profissional podem, pela oportunidade e pelo caráter contínuo, conduzir à renovação de conhecimentos e práticas.

Destarte, Garvin, Edmondson e Gino (2008) apontam três fatores essenciais para favorecer a aprendizagem organizacional:

i) criar um ambiente propício à aprendizagem;

ii) promover processos de aprendizagem concretos;

iii) incentivar práticas de liderança que reforcem a aprendizagem.

Deste modo, um ambiente propício à aprendizagem comporta quatro características:

1) é psicologicamente seguro e respeitoso, ou seja, para aprender os colaboradores não podem ter receio de ser menosprezados quando discordam dos colegas ou cometem erros, mas devem sentir-se confortáveis para partilhar as suas ideias e opiniões;

2) aprecia as diferenças, isto é, a aprendizagem ocorre quando as pessoas tomam consciência de ideias e perspetivas distintas e reconhecem o seu valor, facto que aumenta a energia e motivação, renova as ideias e previne a inércia;

3) é aberto a novas ideias, o que implica que a aprendizagem não se esgota a corrigir erros ou a resolver problemas, mas é também um momento para desenvolver novas abordagens, assumir riscos e explorar novas hipóteses;

4) proporciona tempo para refletir, ou seja, reserva tempo para uma revisão crítica sobre os processos da organização. Quando os colaboradores estão sob pressão, a sua capacidade para refletir criticamente fica comprometida, tal como a sua capacidade para extrair aprendizagens a partir das suas experiências.

O processo de aprendizagem envolve assim um conjunto de passos concretos, de produção, recolha, interpretação e disseminação de informação (interna e externamente) e inclui também processos de experimentação para desenvolver ideias inovadoras, visão, pensamento crítico e criativo e formação. Por último, as práticas de liderança são importantes para a aprendizagem organizacional, na medida em que exercem o poder de inspirar e encorajar os colaboradores a refletir, a aprender e a apresentar novas ideias para prosseguir melhor a sua missão organizacional.

Os processos de *accountability* podem contribuir também para a aprendizagem interorganizacional ou em rede, o que possibilita a alteração de valores, conhecimentos e comportamentos dos atores, permitindo desta forma ajustar a sua compreensão sobre os fenómenos sociais e as estratégias mobilizadas para a prossecução dos seus objetivos. A capacidade de aprendizagem em rede pode ser reforçada pelo desenvolvimento de processos e estruturas que incentivem a exploração das diferenças, a criação de novos conhecimentos e a disseminação de ideias e resultados.

3. MISSÃO, ESTRATÉGIA E *ACCOUNTABILITY*

A missão é considerada condição *sine qua non* para a alta *performance* das OTS, pois declara a "razão de ser" das organizações, os seus valores e aspirações, revela uma visão a longo prazo sobre o que a organização quer ser e quem quer servir, define estratégias para alcançar os seus objetivos e foca a organização na ação. A missão é assim como um contrato social entre a organização, os seus membros e a sociedade em geral, sobre os valores e conquistas pretendidas (Baker, 2007 e Bryce, 2000; cit. por Jäger, 2010; Light, 2011; Oghojafor, *et al.*, 2011).

A declaração de missão confere sentido, foco e unidade à organização e por isso representa vários benefícios para a mesma. Desde logo, ajuda a definir os limites de intervenção da organização e a priorizar objetivos e metas (Anheier, 2005). Permite clarificar o que é esperado por parte da organização e por parte de cada um dos serviços (que podem ter as suas próprias missões que, por sua vez, contribuem para a missão mais abrangente da organização no seu todo) e de cada membro. A declaração de missão serve igualmente de base à definição de sistemas de avaliação, pois, em última análise, "o sucesso é medido pelo grau em que a missão foi alcançada" (Franco, 2010, p. 995). Também pode ser útil para a tomada de decisão perante dilemas que possam surgir (como por exemplo, dar prioridade às expectativas e interesses de uma parte interessada, em detrimento de outras), dado que a declaração de missão indica o propósito da organização, definindo as fronteiras da sua atuação e em contraponto esclarecendo o que não pretende ser. Para uma boa definição de missão, vários autores (*cf.* Jäger, 2010 e Oghojafor, *et al.*, 2011) sugerem algumas dimensões a considerar (*cf.* Tabela 4):

Tabela 4 - Dimensões para definição da missão

Dimensões	A missão...
Tempo	...é adotada com uma visão a longo prazo
Legitimidade	...é considerada legítima e relevante por diretores, colaboradores e principais *stakeholders*, e em conformidade com os requisitos legais
Operacionalização	...define os meios que a organização utiliza para alcançar as finalidades, ...delimita a sua área de intervenção e contexto geográfico, ...determina o grupo-alvo
Comunicação	...é clara e compreensível para todos os *stakeholders*
Motivação	...motiva os colaboradores, comunidade, financiadores, parceiros
Avaliação	...define as mudanças a alcançar em relação ao grupo alvo, ...define objetivos mensuráveis.

Fonte: Adaptado de Anheier, 2005; Jäger, 2010, p.64.

A missão, principalmente quando é consensual e definida de forma participada, pode ter efeitos positivos no desempenho dos colaboradores pelo enquadramento e orientação que confere à sua ação, o que, por sua vez, facilita a sua identificação, apropriação e compromisso com a missão da organização (Bryson, 2004). No intuito de concretizar esta missão, os colaboradores devem questionar regularmente em que medida os seus esforços estão a contribuir para essa finalidade, o que pode levar à introdução de práticas inovadoras na organização com esse mesmo propósito. Por isso, McDonald (2007) sugere existir uma correlação positiva entre missão e inovação, dado que uma declaração de missão clara foca os colaboradores no desenvolvimento de ideias inovadoras que podem e devem sustentar a sua concretização.

A missão tem sido apontada por vários autores (Chew, 2009; Drucker; 1989; Moore, 2000) como uma característica diferenciadora das OTS, dado que determina a filosofia, a estratégia e a ação das organizações. Em acréscimo, como a missão define o valor que as OTS pretendem criar, ela serve também de quadro de referência no planeamento e gestão estratégica da organização, na relação com as partes interessadas e na avaliação da eficácia organizacional.

No setor dos negócios, a missão relaciona-se com o bem a produzir, tendo em vista o retorno financeiro do investimento. O benefício social, por norma, não é explícito e privilegiam-se as relações com os *shareholders* (*i.e.*, acionistas) e com os investidores. A Tabela 5 ilustra a importância da missão nas OTS e sistematiza as principais diferenças entre estas e as organizações do setor privado lucrativo.

70

Tabela 5 - Especificidades das Organizações do Terceiro Setor

	Organizações do Terceiro Setor	Organizações privadas com fins lucrativos	Influência na estratégia das OTS
Missão	- Concretizar uma missão social	- Gerar e maximizar lucros para os *shareholders* e investidores	- A missão orienta a estratégia e a ação das OTS e produz legitimidade
Indicadores de sucesso	- Medidas de desempenho orientadas para a qualidade do serviço e satisfação das partes interessadas - Indicadores de sucesso definidos através da participação e negociação entre os *stakeholders* internos e externos	- Geração de lucros como principal indicador de sucesso - Os indicadores de sucesso são definidos pelos diretores e órgãos de gestão e aprovados pelos *shareholders*	- Objetivos mensuráveis incorporados na missão são importantes para a *accountability* estratégica
Accountability	- *Accountability* estratégica junto dos vários *stakeholders*	- Prestação de contas aos *shareholders* e investidores	- Relação com múltiplos *stakeholders* - Tensões entre a *accountability* externa/ interna e ascendente/ descendente
Receitas	- Diferentes fontes de receitas (e.g., donativos, quotas), provenientes de vários agentes	- Menor diversidade de fontes de receitas, dado que as principais receitas provêm da venda de produtos e da prestação de serviços aos clientes que podem pagar	- Mobilização de diferentes estratégias para captar recursos e gerir as expectativas dos vários *stakeholders*

Fonte: adaptado de Chew (2009),p.68-70, e Moore (2000).

A declaração de missão e os processos de *accountability* são dispositivos importantes de comunicação das organizações sobre os seus valores e ativi-dades com as partes interessadas e, como tal, são também um meio para a sua legitimação. Sem reconhecimento e legitimidade pode ser muito difícil para as OTS obterem apoio por parte dos *stakeholders* que são determi-nantes para a sua ação (Smith e Lipsky, 1993; cit. por Ospina *et al.*, 2002).

Na verdade, as OTS interagem com múltiplas partes interessadas (dada a posição charneira que ocupam entre o Estado, o Mercado e a Comunidade), que são, em certa medida, uma fonte de incerteza para as organizações, visto que estas necessitam do seu reconhecimento e/ou recursos, os quais nem sempre são previsíveis ou controláveis (Bielefeld,

1992; Gronbjerg, 1991; cit. por Balser e McClusky, 2005). Como tal, as relações com os *stakeholders* devem ser geridas estrategicamente. Por outro lado, na perspetiva destes agentes, a relação com as OTS é avaliada em função do nível de concretização e de reconhecimento das respetivas expectativas (Herman & Renz, 2004; cit. por Balser & McClusky, 2005). Porém, estas expectativas podem ser muito diversas e, por vezes, distintas da missão da própria organização. Para resolver estes diferendos, Balser e McClusky (2005) sugerem que as organizações devem gerir as expectativas dos *stakeholders* de modo a alinhá-los com a sua missão, valores e capacidades, para que a sua utilidade social seja compreendida, bem como a sua eficácia organizacional. Outra das estratégias que sugerem passa por incrementar a interação, de forma consistente, com os *stakeholders*, de modo a aumentar a sua previsibilidade e a reduzir a incerteza destes em relação às organizações. Quando as OTS atuam de acordo com o previsto, as partes interessadas podem efetivamente percecionar o desempenho organizacional como mais responsável e confiável.

Também Morrison e Salipante (2007) pontuam a necessidade de cultivar a relação com os *stakeholders* e de gerir as suas expectativas e representações sobre a eficácia organizacional. A este propósito, sugerem que os líderes de cada organização devem negociar as representações sobre o que é entendido como sucesso, e consequentemente que critérios e indicadores o permitem mensurar.

Da mesma forma que a *accountability* é considerada uma construção social, produto da relação entre as partes interessadas, também os indicadores devem ser negociados entre si, mediante a sua missão organizacional. A negociação serve portanto para construir um entendimento comum sobre o trabalho que é valorizado e como é desenvolvido. Esta pode ser também uma oportunidade para clarificar a missão organizacional e construir/consolidar relações de confiança com as partes interessadas. As negociações devem ocorrer num processo contínuo, permeável às mudanças que influenciam a missão organizacional e aos *stakeholders* com quem interagem. Processo que implica mais criatividade, flexibilidade e reflexão crítica, em particular por parte dos líderes das organizações, do que se exige na *accountability* baseada em regras.

3.1 A missão e a *performance* organizacional

Subjacente aos pressupostos da *accountability* está pois a necessidade das OTS medirem a sua *performance* organizacional, focando os seus *inputs*, os resultados (*outputs*) e os impactes (*outcomes*) que produzem, uma questão que está longe de ser pacífica e consensual, quer pela dificuldade de mensurar o valor social que criam (dada a multicausalidade e subjetividades inerentes ao valor e impacte gerado), quer pelos meios (instrumentos e indicadores) com que o fazem.

Mensurar a *performance* organizacional visa produzir informação objetiva e relevante para sustentar o processo de tomada de decisão, para alcançar resultados, melhorar a sua prestação e aumentar a *accountability*. Porém, os seus efeitos no contexto organizacional podem ser incertos dado que, se por um lado, quando devidamente aplicada, pode realmente focar a organização na sua missão, motivar os colaboradores, aumentar a sua *accountability* junto dos diversos *stakeholders* e apoiar a tomada de decisões para melhorar a eficácia; por outro, pode ter efeitos negativos como conduzir a desvios na missão, transformar a identidade organizacional e levar à perda da sua legitimidade moral (Benjamin & Misra, 2006). Como afirmam Hamschmidt e Pirson (2011, p. 3), "a sustentabilidade exige que as organizações considerem as legítimas expectativas das diferentes partes interessadas nos seus processos de criação de valor (...). Como resultado, os processos de criação de valor precisam de ser reorganizados a fim de criar capital económico ao mesmo tempo que desenvolvem capital social e preservam o capital natural".

Um dos fatores determinantes para o sucesso ou insucesso de medir a *performance* está relacionado com o seu enquadramento e com os instrumentos utilizados, mais ou menos adequados ao contexto específico das OTS.

A partir da década de 1990, perante as crescentes exigências de *accountability* por parte dos *stakeholders*, em particular do Estado, a ausência de instrumentos e indicadores para mensurar a sua *performance* e a proximidade às lógicas de funcionamento do Mercado, assistiu-se à transferência de alguns dos princípios e instrumentos (nomeadamente, de gestão e avaliação de resultados) do setor privado lucrativo para o Terceiro Setor. Um facto que tende a ser problemático para as OTS, dado que estas se diferenciam em vários aspetos estruturantes (*e.g.*, missão, geração e gestão de lucros, relação com *stakeholders*) das organizações do setor privado lucrativo e que por isso devem desenvolver as suas próprias abordagens de gestão e avaliação e/ou adaptar alguns dos instrumentos provenientes do setor lucrativo, sem perder de vista a sua identidade (Chew, 2009; Moore, 2000; Sawhill e Williamson, 2001).

Reconhecendo as especificidades das OTS, alguns autores preferem sugerir princípios a considerar nesse processo, em vez de instrumentos ou indicadores universais para todas as organizações. Assim, sugerem que a *performance* deve ser determinada e interpretada contextualmente, deve consistir num processo participado e deve procurar coerência entre a missão, a estratégia, as ações e os resultados (Ormiston e Seymour, 2011). Sawhill e Williamson (2001) ilustram o caso de uma organização que optou por um conjunto de medidas que avaliam a *performance* organizacional em três áreas-chave: impacte, atividade e capacidade. As medidas de impacto avaliam o sucesso na concretização da missão; as medidas de atividade focam-se nos objetivos atingidos e nas estratégias implementadas; as medidas de capacidade procuram medir o grau em que a organização mobilizou os recursos necessários para prosseguir a sua missão. Para cada categoria, a organização optou por escolher duas a quatro medidas específicas, que podem e devem mudar de acordo com as prioridades da organização, mas o esquema estrutural mantém-se.

Uma vez mais, a missão aparece como uma referência para medir a eficácia organizacional, mas para isso importa que seja clara. Como Sawhill e Williamson (2001) constataram quanto mais abstrata é a missão, maior é a dificuldade no desenvolvimento de indicadores significativos que permitam avaliar os *outcomes*. No seu estudo verificaram que as organizações que relataram ter maior sucesso no desenvolvimento de medidas de desempenho tinham formulado objetivos mensuráveis. Em vez de despenderem esforços a medir *outcomes*, optaram por identificar e concentrar-se nos objetivos que as levariam a progredir no sentido de concretizar a sua missão com eficácia e eficiência.

3.2 A missão e a estratégia organizacional

Neste sentido, o planeamento e a gestão estratégica são essenciais em qualquer organização, particularmente nas OTS que operam em contextos de mudança constante e com impactes incertos. Facto que cria a necessidade de compreender tais mudanças e suas implicações para o benefício da concretização da missão das OTS. No setor privado lucrativo, o planeamento estratégico centra-se principalmente na geração de lucros; no Terceiro Setor, é utilizado para (re)formular a missão e os objetivos das organizações, bem como as estratégias para alcançá-los de forma mais eficaz e eficiente (Anheier, 2005). Como Poister e Streib (1999, cit. por Bryson, 2004, p. 31) referem "o principal objetivo da gestão estratégica é desenvolver um compromisso contínuo com a missão e visão da organização, fomentar uma cultura que identifica e apoia a missão e visão, e manter o foco sobre a agenda estratégica da organização em todos os seus processos de decisão e atividades".

3.2.1 Um modelo para aumentar o planeamento e gestão estratégica nas organizações

Para tal, Bryson (2004) sugere um processo de planeamento e gestão estratégica, designado por "Ciclo de Mudança Estratégica" (CME), que visa promover o pensamento estratégico, a ação e a aprendizagem nas organizações. Para o efeito, sugere dez passos a seguir (*cf.* Figura 8) que, embora sejam apresentados de forma sequencial, na prática podem processar-se de forma dinâmica e interativa, produto da forma como os intervenientes pensam continuamente as conexões entre aqueles elementos e reformulam estratégias mais eficazes. Mintzberg, Ahlstrand e Lampel (1998, p.195; cit. por Bryson, 2004, p. 61) afirmam que "o verdadeiro comportamento estratégico combina controlo deliberativo com aprendizagem emergente", comportamento este que o CME espera promover. Como refere o autor, a implementação e a avaliação não devem ser o fim do processo, mas sim parte integrante do mesmo.

Figura 8 - O Ciclo da Mudança Estratégica

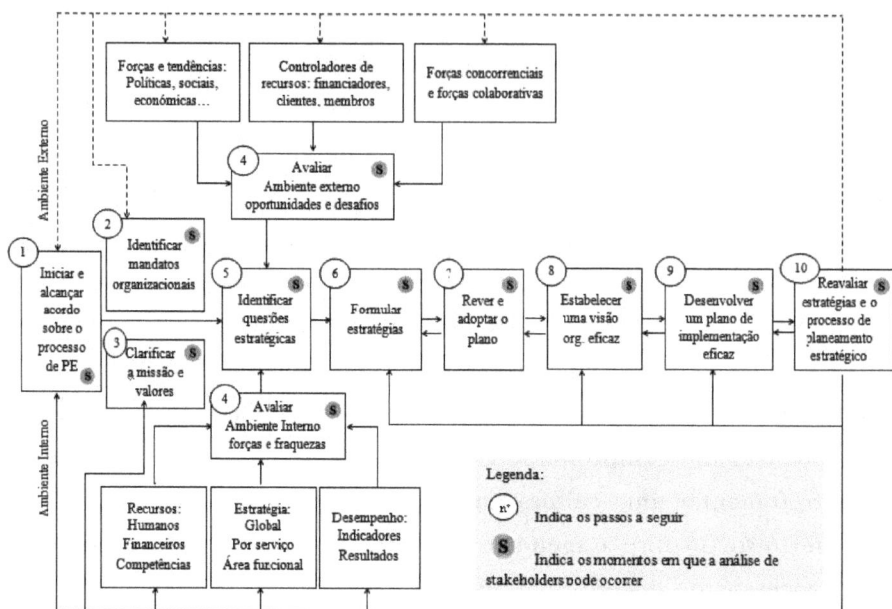

Fonte: adaptado de Bryson, 2004, p.33.

Bryson (2004) sugere que o primeiro passo é negociar o acordo entre os decisores (internos e, eventualmente, externos também) sobre o planeamento estratégico e os principais passos a seguir. Para isso, é importante identificar quem são os principais decisores, o que passa por determinar que pessoas, grupos e organizações podem ser envolvidos neste esforço. O envolvimento dos *stakeholders* é uma preocupação constante ao longo de todo o processo. A análise destes é útil para compreender as redes existentes, para identificar questões estratégicas e desenvolver processos eficazes (Moore, 1995; Bryson, 2004[a]; cit. por Bryson, 2004). É também importante para "compreender de que forma os *stakeholders* influenciam a organização, o que as organizações precisam de cada *stakeholder* (*e.g.* dinheiro, colaboradores, suporte político) e determinar quão importantes estes são" (Bryson, 2004, p. 36-37). A análise de *stakeholders* ajuda pois a organização a definir a sua missão e a identificar questões estratégicas.

Segue-se a identificação dos mandatos organizacionais formais e informais (*i.e.*, legislação, contratos, procedimentos e regras estabelecidas, códigos de conduta, normas culturais e expectativas das partes interessadas) que regulam a organização. A missão organizacional, em conjunto com os mandatos, explicam a sua razão de existir e indicam o seu propósito de criar valor social. Clarificar a missão e os valores da organização (terceiro passo) é importante pelas razões acima referidas e para as fases seguintes.

O quarto passo consiste em avaliar o ambiente externo e interno da organização. Analisar o ambiente externo (*i.e.*, as forças, tendências, detentores de recursos) pode ajudar os decisores a discernir as oportunidades e desafios existentes no contexto em que se inserem. Além disso, esta avaliação, em conjunto com a análise de *stakeholders*, pode ajudar a organização a identificar fatores de sucesso (Johnson & Scholes, 2002, cit. por Bryson, 2004). Estes fatores podem indicar o que a organização deve fazer para se afirmar bem-sucedida aos olhos das partes interessadas. Por seu turno, avaliar o ambiente interno pode ajudar a organização a monitorizar recursos (*inputs*), a estratégia (processo) e a *performance* (*outputs*). Muitas organizações detêm uma visão clara sobre os *inputs* concretos (*e.g.*, recursos financeiros), mas poucas partilham da mesma visão sobre outros *inputs*, como a sua filosofia, valores, competências, cultura organizacional, igualmente cruciais para a sua existência e mudança estratégica (Bryson, 2004). Considerar a articulação entre *inputs*, processos e *outputs*, pode ajudar as organizações a compreender quais são as melhores estratégias e o valor que criam (Moore, 2000).

Bryson (2004) considera que muitas organizações tendem a ter uma visão pouco clara sobre a sua estratégia, o que dificulta a sua compreensão sobre os resultados e impactes que produzem, embora essa realidade esteja a mudar. A necessidade de "se abrirem ao escrutínio público" sobre o seu desempenho tem levado as organizações a experimentarem diferentes meios para melhorar a sua *accountability* junto de múltiplos *stakeholders*. Porém, como vimos, a falta de um entendimento conjunto sobre a *performance* pode ser um problema tanto para as organizações como para as partes interessadas. Estes podem avaliar a organização de acordo com uns critérios que podem não ser os mesmos que fazem sentido para a organização. Se não houver um entendimento comum, independentemente do valor criado, os *stakeholders* podem não manter o mesmo apoio. Razão pela qual muitas organizações têm começado a reinventar-se e a desenvolver esforços contínuos de melhoria (Light, 1997; Kettl, 2002; cit. por Bryson, 2004). A ausência de informação e de indicadores sobre o desempenho também pode suscitar conflitos organizacionais e a sua resolução pode não fazer sentido para a missão da organização (Terry, 1993; Flyvbjerg, 1998; cit. por Bryson, 2004).

Os quatro primeiros passos contribuem para a identificação de questões estratégicas (quinto passo), isto é, dos desafios críticos que afetam a organização. Estas questões focam a organização nos assuntos prioritários e devem ser definidas de acordo com três princípios:

i) devem ser formuladas de forma sucinta e deve ter-se a noção de que a organização conseguirá resolvê-las (se não, não é um problema, é um facto);

ii) devem listar os fatores que tornam estas questões estratégicas (*e.g.*, mandatos, missão, valores, forças, fraquezas, oportunidades, desafios);

iii) devem antever as consequências que poderão surgir caso não abordem essas questões (Bryson, 2004).

As questões estratégicas são uma referência para a formulação das estratégias da organização (sexto passo). Como refere o autor, "a estratégia pode ser definida como um padrão de objetivos, políticas, programas, ações, decisões e afetação de recursos que definem o que uma organização é, o que faz e por que razão o faz" (Bryson, 2004, p. 46). As estratégias são pois definidas para dar resposta às questões anteriormente identificadas. O mesmo autor acrescenta que esta definição é abrangente de modo a alertar para a importância de alcançar coerência e consistência entre a retórica, a decisão, a ação e as consequências dessas ações. Existem múltiplas abordagens para formular as estratégias. Uma das preferidas do autor consiste em cinco passos:

i) identificar alternativas de resolução de cada uma das questões estratégicas;

ii) enumerar as barreiras que podem limitar o alcance dessas alternativas;

iii) apresentar propostas para alcançar essas alternativas, seja de forma direta ou indireta (através da superação das barreiras previstas);

iv) apresentar ações a concretizar nos dois a três anos seguintes para cada proposta identificada;

v) definir um plano detalhado (para seis meses a um ano) para implementar tais ações.

Definidas as estratégias, é preciso obter aprovação oficial para poder adotá-las e implementá-las (sétimo passo). Para assegurar esta passagem, é importante uma vez mais atender às expectativas e interesses das partes interessadas (Borins, 2000; cit. por Bryson, 2004).

Segue-se o estabelecimento de uma visão organizacional eficaz (oitavo passo), isto é, uma descrição de como ficará a organização se conseguir implementar as estratégias com sucesso. Poucas organizações o fazem, embora a sua importância tenha sido amplamente reconhecida por vários teóricos (*cf.* Locke, Shaw, Saari e Latham, 1981; Collins e Porras, 1997; Kouzes e Posner, 2002; cit. por Bryson, 2004). Esta descrição pode incluir a missão, os valores, a filosofia, as estratégias, os indicadores de *performance*, os padrões éticos que se espera de todos os colaboradores. Estes ajudam a que os colaboradores da organização compreendam o que é esperado deles sem terem uma supervisão constante.

O nono passo consiste no desenvolvimento de um processo de implementação eficaz, seja através da identificação dos responsáveis pela supervisão da implementação do plano, os objetivos e resultados esperados, as ações específicas, os recursos, seja pela descrição do processo de comunicação subjacente, dos processos de revisão, monitorização e correção do mesmo, dos processos de *accountability*.

Por fim, é necessário reavaliar as estratégias e o processo de planeamento estratégico, como prelúdio para um novo ciclo de planeamento estratégico. A organização deve analisar as estratégias a manter ou a alterar com o objetivo de melhorar o novo ciclo. A eficácia deste passo depende de uma aprendizagem organizacional efetiva, capaz de questionar o que aconteceu e acolher novas aprendizagens (Bryson, 2004).

3.3 Articulação entre a missão organizacional e os processos de *accountability*

Considerando as especificidades das OTS e os desafios que enfrentam pelo contexto em que operam, pela relação que estabelecem com as partes interessadas e pela necessidade de atender às suas exigências e expectativas mantendo o foco na sua missão organizacional, vários autores têm proposto alguns modelos para gerir tais desafios e aumentar a *accountability* estratégica.

Brown, Moore e Honan (2004) nomeadamente propõem algumas vias que passam por clarificar o processo de criação de valor, por negociar expectativas com os *stakeholders* e por definir indicadores que permitam mensurar a performance organizacional (*cf.* Figura 9). O círculo da criação de valor está relacionado com a missão das organizações e com a sua função de inspirar, motivar e envolver os *stakeholders* para os propósitos que servem, ajudando assim a mobilizar apoios e fomentar as suas capacidades operacionais. O da legitimidade e apoio reforça a necessidade de mobilizar apoio financeiro, legal, político e social para alcançar a sua missão. O da capacidade operacional foca-se nos meios necessários para alcançar os resultados desejáveis, que muitas vezes extravasam a capacidade organizacional, e por isso salientam a importância da constituição de parcerias. Daí a opção pelo termo capacidade operacional, em vez de capacidade organizacional, pois muitos dos resultados são produto de trabalhos desenvolvidos em parceria e ultrapassam a esfera de ação de cada organização (Brown e Moore, 2001). Estes três círculos compõem o "triângulo estratégico", desenvolvido originalmente para orientar gestores do setor público, mas que também pode ser útil para as organizações do Terceiro Setor, uma vez que ilustra um conjunto de aspetos que devem ser considerados para garantir a sustentabilidade da organização, criar valor social e adaptar-se com sucesso às circunstâncias mutantes em que intervêm.

Figura 9 - Elementos para aumentar a *Accountability* Estratégica

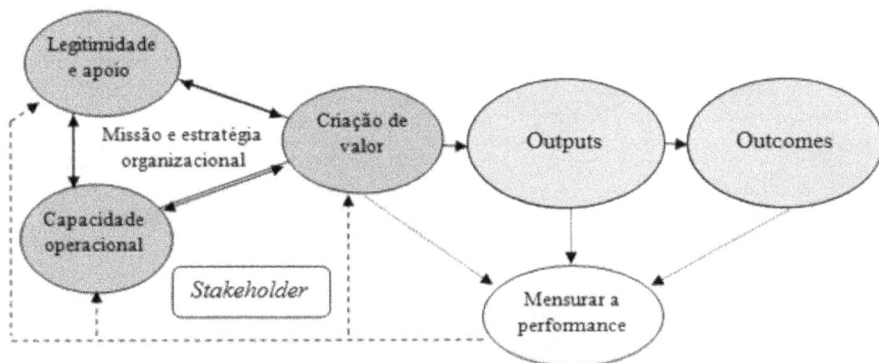

Fonte: Adaptado Brown, Moore & Honan, 2004, p.34-35; Brown & Jagadananda, 2007, p. 18.

Os *stakeholders* surgem também neste esquema como elemento estruturante e transversal em todo o processo, desde a capacidade operacional aos resultados alcançados a curto, médio e longo prazo, até à sua avaliação. No que se refere aos resultados, os autores reconhecem a importância de mensurar os impactes a longo prazo para avaliar a intervenção das organizações, todavia admitem que essa informação é difícil da recolher e pode ser ambígua no que respeita à compreensão das causas dos impactes, e por isso pode ser considerada menos útil para gerir a sua *performance*, em comparação com os indicadores que transmitem informação a curto prazo (Brown, Moore & Honan, 2004).

Um modelo distinto, mas que tem em comum a centralidade da missão organizacional, é proposto por Cavill e Sohail (2007) que sugerem que uma forma de perceber como as organizações podem melhorar a sua *accountability* estratégica é estabelecer um quadro concetual que lhes permita integrar a sua missão e valores nas políticas e práticas. Neste sentido, propõem um modelo (*cf.* Figura 10) que pretende orientar diretores e profissionais na reflexão sobre o modo como as ações da organização contribuem para a concretização da sua missão.

Figura 10 - Modelo para aumentar a Accountability Estratégica

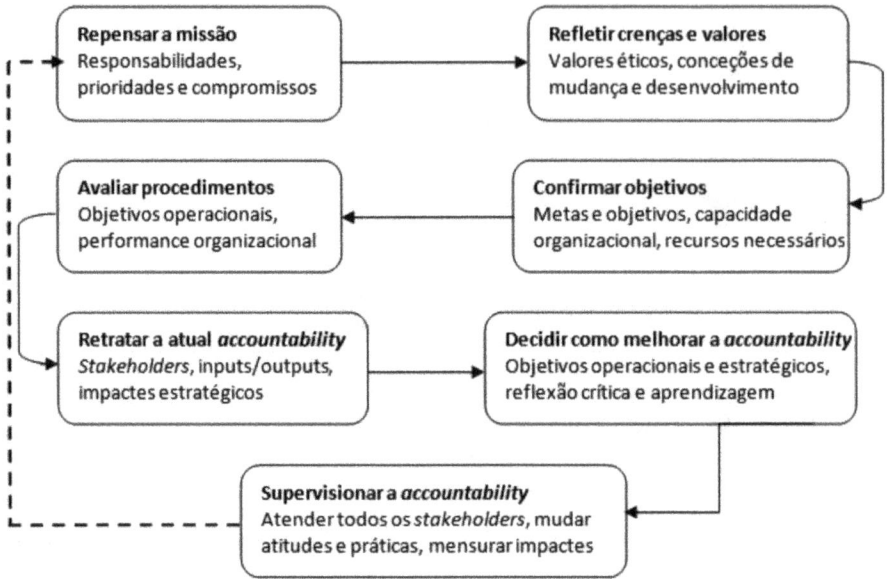

Fonte: adaptado de Cavill & Sohail (2007), p. 246

Os dois modelos parecem constituir-se como instrumentos úteis para as organizações aumentarem a sua *accountability* estratégica, porém a descrição explicativa de ambos carece de estudos empíricos que elucidem sobre as vantagens que apresentam para a tomada de decisão estratégica e para a prossecução da missão organizacional.

4. *ACCOUNTABILITY* NO TERCEIRO SETOR EM PORTUGAL: DADOS EMPÍRICOS

Como temos vindo a salientar, as OTS operam num contexto de grande incerteza e complexidade. Por um lado, como são orientadas para uma missão social devem promover o desenvolvimento social e humano; por outro lado, como dependem em grande medida de apoio (financeiro) externo, devem agir no sentido de captar e preservar recursos (financeiros, humanos, materiais) públicos e privados, facto que as obriga (sobretudo em contextos de restrição orçamental como o atual) a processos de readaptação e de inovação, em muitos casos com um cariz ainda pouco consistente e pouco pensado estrategicamente. Tais processos têm sido de facto, para inúmeras organizações, difíceis de concretizar, quer por alguma inércia por referência à mudança, quer pela preservação de uma certa ortodoxia teleológica segundo a qual as preocupações de autossustentabilidade financeira colidiriam com a natureza sem fins lucrativos da atividade destas organizações e com a sua filosofia de ação distinta das lógicas de mercado. Porém, a carência de estudos nesta área e a situação de "asfixia" em que as OTS vivem, dada a emergência de novas necessidades sociais e a insuficiência de recursos para colmatá-las, pode remeter estas organizações para a adoção de estratégias de gestão próximas das utilizadas no setor lucrativo, o que pode desvirtuar na verdade a sua missão social.

A gestão estratégica das OTS centrada na missão social é, de facto, uma área ainda pouco estudada, nomeadamente em Portugal, onde as questões da sustentabilidade se impõem cada vez mais, bem como as exigências para a demonstração de resultados como salvaguarda da eficácia organizacional.

A missão é, como já referenciámos, uma referência para a definição da estratégia organizacional, para avaliar o seu desempenho e para sustentar os processos de *accountability*. Porém, apesar da evidência teórica, são escassos os estudos que demonstrem como é definida e operacionalizada a missão nas OTS e de que forma se articula com os processos de *accountability*. Estes, por sua vez, segundo as abordagens mais abrangentes e estratégicas (Ebrahim, 2003a; Brown e Moore, 2001), podem servir para concretizar o duplo objetivo de, por um lado, focar a organização na sua missão e, por outro, captar a legitimidade e o apoio necessários à sua existência, logo à concretização daquela. No entanto, uma vez mais falta evidência empírica que permita compreender em maior profundidade quais os processos de *accountability* utilizados pelas OTS, com que propósito e qual a sua influência para a prossecução da missão das organizações.

Partindo do reconhecimento deste fenómeno, das suas implicações para a intervenção das organizações sociais e das lacunas empíricas existentes a este nível, o estudo desenvolvido, ao longo de 2012 e 2013, procurou compreender a articulação entre os processos de *accountability* e a missão organizacional, no que diz respeito particularmente a um dos tipos de OTS, muito relevantes no contexto português, as Instituições Particulares de Solidariedade Social. Para o efeito, foram selecionadas IPSS que têm como principal entidade financiadora o Estado, através de transferências e subsídios, mas que têm também outras fontes de financiamento (*e.g.*, produção de bens e serviços, quotizações e donativos) que desempenham um papel importante para a sustentabilidade das instituições e que reforçam a necessidade de atender às expectativas de diferentes *stakeholders*, além do Estado.

A literatura sugere que o tamanho das organizações e a profissionalização dos seus dirigentes e colaboradores parecem estar positivamente relacionados com a gestão estratégica das organizações (Minkoff e Powell, 2006; Soares *et al.*, s.d.). Nesta ótica, aquelas que são de média/grande dimensão e são dirigidas por pessoas com elevado grau de escolaridade, tendem a apresentar, de acordo com os autores, uma estrutura orgânica mais complexa e organizada, nomeadamente no que concerne à gestão dos recursos humanos e à divisão do trabalho por áreas de atuação, bem como um planeamento mais estratégico, que define objetivos específicos para cada serviço e que perspetiva a intervenção da organização a médio e longo prazo.

Nas organizações de pequena dimensão, estes processos tendem a ser mais informais e o planeamento definido a curto prazo (em média, por um ano), talvez porque o reduzido número de técnicos não exija uma estrutura orgânica tão complexa, ou porque a relação entre os técnicos e a Direção tenda a ser mais próxima e informal, ou ainda, pela menor capacidade operacional destas organizações. Por isso, optou-se, no âmbito do estudo efetuado, por selecionar IPSS de pequena dimensão (com menos de cinco técnicos superiores) e de média/grande dimensão (com mais de 10 técnicos superiores), bem como IPSS dirigidas por pessoas com experiência em cargos de Direção/Coordenação há pelo menos seis anos e com habilitações literárias distintas (12° ano, licenciatura, mestrado e doutoramento).

A idade das organizações foi outro critério considerado na seleção da amostra, dado que o tempo da sua existência pode influenciar o seu reconhecimento na comunidade e junto dos restantes *stakeholders*. Assim, foram selecionadas cinco IPSS criadas entre a década de 1940 e o ano 2000 (*cf.* Tabela 6), de modo a compreender a evolução das exigências e dos processos de *accountability* na ótica dos representantes institucionais entrevistados (diretores técnicos ou executivos, e profissionais com intervenção direta no terreno). A opção por entrevistar os diretores das IPSS baseou-se na posição estratégica que ocupam, nomeadamente, na tomada de decisão e na negociação com os *stakeholders*; e os profissionais por estarem no contacto direto com os cidadãos e a comunidade, e por serem eles que, em primeira instância, gerem as exigências de *accountability*.

Tabela 6 - Caracterização da amostra: IPSS

IPSS	Década de constituição	Dimensão	Áreas de intervenção
A	Década de 1970	Média/grande dimensão [+ 10 técnicos superiores]	Apoio a crianças e jovens; apoio às famílias; apoio à integração social e comunitária; educação e formação profissional dos cidadãos
B	Década de 1980	Pequena dimensão [-5 técnicos superiores]	Apoio às famílias; apoio à integração social e comunitária; educação e formação profissional dos cidadãos; saúde e habitação.

IPSS	Década de constituição	Dimensão	Áreas de intervenção
C	Década de 1980	Pequena dimensão	Apoio a crianças e jovens; apoio às famílias; apoio às pessoas idosas
D	Década de 1990	Média/grande dimensão	Informação, formação e investigação
E	Década de 1940	Média/grande dimensão	Apoio a crianças e jovens; apoio às famílias; apoio à integração social e comunitária; apoio às pessoas idosas; apoio à população toxicodependente

Fonte: entrevistas semiestruturadas, página web, estatutos

A recolha de dados neste estudo dividiu-se em dois momentos. Primeiro, uma fase exploratória que serviu para recolher um conjunto de informações relevantes, junto de informadores privilegiados de IPSS e do Centro Distrital de Aveiro do Instituto de Segurança Social, I.P. Com os profissionais de três IPSS foi realizada uma sessão de *focus group* e com os técnicos de acompanhamento das respostas sociais do Centro Distrital foram realizadas entrevistas exploratórias semiestruturadas que permitiram perceber melhor a realidade, dando importantes contributos para a elaboração dos guiões de entrevista a realizar na fase seguinte de aprofundamento dos dados.

O *focus group* é útil enquanto técnica de pesquisa exploratória para auscultar os pontos de vista dos participantes na sessão e para o levantamento de dados preliminares sobre um determinado objeto de investigação, sobre o qual ainda não existe um conhecimento aprofundado. A utilização desta técnica permitiu conhecer um conjunto de aspetos sobre os processos de *accountability* e sobre a dinâmica organizacional em torno dos mesmos, que foram relevantes para a compreensão do fenómeno no contexto específico das IPSS e para estruturar a pesquisa subsequente.

As entrevistas exploratórias semiestruturadas realizadas no Centro Distrital de Aveiro do Instituto de Segurança Social, I.P., permitiram complementar o conhecimento sobre os processos de *accountability* utilizados pelas IPSS, de acordo com a perspetiva de quem as acompanha e enquanto representantes da entidade tutela e principal financiadora. Possibilitaram ainda conhecer o circuito da informação que é transmitida pelas IPSS à Segurança Social e da informação recolhida pelos técnicos no momento das visitas de acompanhamento.

Esta fase exploratória de recolha de dados suscitou o interesse em aprofundar a articulação entre os processos de *accountability* e a missão das organizações, dado que, na perspetiva dos profissionais, o modo como estes processos têm vindo a ser implementados nas organizações tendem a condicionar mais o seu trabalho e a sua eficácia na concretização da sua missão, do que o inverso. Estes constrangimentos aparecem associados ao volume de trabalho que exigem aos profissionais, que limita a sua disponibilidade para intervir com os cidadãos, e ao facto de pouco reverterem para a aprendizagem e mudança organizacional. Os técnicos do Centro Distrital de Aveiro do Instituto de Segurança Social, I.P. também consideram que os processos de *accountability* têm contribuído para a implementação de um conjunto de práticas que ajudam as organizações a melhorar a sua eficácia, mas as potencialidades destes ainda não estão a ser totalmente exploradas. Assim, partindo da utilização que tem sido feita dos processos de *accountability* e dos impactes que a mesma tem produzido, optou-se por inverter a questão, procurando compreender de que forma as organizações se estruturam para gerir os processos de *accountability* de forma estratégica e coerente com a sua missão.

O segundo momento da pesquisa caracterizou-se pelo aprofundamento dos dados com a realização de entrevistas semiestruturadas[12] a diretores e profissionais das cinco IPSS selecionadas, o que permitiu aprofundar a compreensão sobre como se processa a *accountability* no seio das organizações, nomeadamente na relação com os diversos *stakeholders* e de que forma se articula com a concretização da missão organizacional, focando aspetos positivos e negativos na perspetiva dos entrevistados.

---

[12] Os guiões de entrevista centraram-se em três grandes temas: i) a compreensão da missão organizacional; ii) o conhecimento dos processos de *accountability* utilizados pelas IPSS e iii) a articulação entre os processos de *accountability* utilizados pelas IPSS e a prossecução da sua missão organizacional. Em alguns momentos, foram também colocadas outras questões que não constavam no guião de entrevista, face às especificidades de cada IPSS e para explorar situações que se diferenciam da norma (*i.e.*, práticas criadas pelas IPSS que na sua ótica trazem benefícios para a sua intervenção, como a implementação de metodologias participativas de auscultação da população-alvo e da comunidade e o desenvolvimento de um plano de *fundraising*).

A análise documental, outra técnica utilizada para a recolha de dados, acompanhou todo o processo de investigação e permitiu concretizar algumas mensagens expressas no discurso dos entrevistados (*e.g.*, as fichas de registo de procedimentos permitiram concretizar aquilo que os entrevistados expressavam como controlo e burocratização da intervenção), bem como complementar o conhecimento sobre o objeto de estudo.

4.1 Perceções sobre a missão organizacional

A missão organizacional é, como vimos, considerada como o quadro de referência que orienta a intervenção dos colaboradores de cada organização e informa os vários *stakeholders* sobre o propósito da sua ação. Apesar do amplo conhecimento da função da missão falta evidência empírica que esclareça de que forma as OTS se estruturam para alcançá-la. Procurando dar alguns contributos para a compreensão desse processo, este estudo propôs-se conhecer como é definida a missão organizacional, nomeadamente que *stakeholders* participam nesse processo, com que regularidade é revista e de que forma é definida e avaliada a estratégia organizacional.

4.1.1 Processos de definição e revisão da missão organizacional

No que se refere à definição da missão organizacional, verificou-se que em três das IPSS contactadas o processo consiste na auscultação de todos os colaboradores sobre o sentido da missão da organização. Após esta auscultação, segue-se o delineamento de propostas, a redação e revisão da missão. Este processo é descrito como um momento de reflexão significativo para os diretores e para os colaboradores, que tende a favorecer a sua identificação e compromisso com a causa da organização (legitimidade), a definição das estratégias para alcançar os objetivos (operacionalização da missão) e a definição de objetivos mensuráveis (avaliação).

Quando a missão é definida apenas pelos decisores das organizações, o sentido expresso na declaração de missão pode descurar aspetos importantes para a intervenção do ponto de vista dos colaboradores (*e.g.*, uma abordagem mais caritativa ou mais colaborativa a ser adotada e a terminologia utilizada), o que pode estar associado à formação dos dirigentes, dado que estes muitas vezes são voluntários, ligados à Igreja e sem formação académica específica na área social.

Num dos casos verificou-se que, para além da definição da missão ter sido circunscrita aos decisores da organização, a mesma se revelou, na perspetiva do profissional entrevistado, demasiado genérica para abranger todas as valências da organização e de difícil operacionalização. Quando tal acontece, a identificação e apropriação da missão tende a ser menor, logo o planeamento e a avaliação da estratégia não se reporta diretamente à missão, sendo mais comum a definição de objetivos específicos para cada serviço que, por sua vez, deve contribuir para a concretização da missão global da organização.

Os dados obtidos sugerem que quando a missão é definida num processo de auscultação mais alargado (*i.e.*, diretores, colaboradores internos e, por vezes, colaboradores externos muito próximos da atividade da organização, como são os associados), tende a existir um entendimento mais partilhado sobre o sentido da missão, o que favorece a apropriação da mesma por parte dos colaboradores, com vários benefícios para uma maior eficácia da intervenção, com o foco em objetivos claros e numa avaliação da intervenção mais articulada com a missão. Esta situação verificou-se tanto em IPSS de pequena como de grande dimensão, pelo que o tamanho das organizações parece não influenciar, nos casos estudados, o processo de definição da missão.

Conclusões similares foram encontradas em outros estudos. Oghojafor, *et al.* (2011), desenvolveram uma pesquisa, na Nigéria, que pretendia conhecer os benefícios da visão e da missão organizacional e de que forma esta tem sido utilizada. O estudo revela que os inquiridos são unânimes na crença de que a visão e a missão organizacional detêm um forte potencial na melhoria do desempenho organizacional, dado que orientam o sentido da ação da organização, motivam os colaboradores e melhoram a imagem pública da organização. Porém, em muitas organizações, a visão e a missão são utilizadas como meros *slogans* isentos de sentido para a estratégia e tomada de decisão organizacional. Além disso, muitas das declarações de missão são vagas, o que dificulta a identificação e apropriação da mesma por parte de todos os colaboradores[13]. Em consequência, para muitos colaboradores não é claro de que forma o seu trabalho diário contribui para a concretização da visão e da missão da organização. Em outro estudo, Crott, Dickson e Ford (2005, cit. por Kirk & Nolan, 2010) constataram que as organizações que demonstram uma boa articulação entre a missão organizacional e o alinhamento interno tendem a funcionar melhor do que aquelas onde esta articulação não é tão clara. Os autores verificaram que os decisores que desenvolvem procedimentos e práticas que reforçam a missão organizacional geralmente revelam melhor desempenho. Comprovaram também que o bom desempenho estava associado a organizações que desenvolviam intencionalmente objetivos e metas (a nível individual e organizacional) alinhadas com a missão organizacional.

No que concerne à revisão da missão, esta tende a ocorrer de forma esporádica na generalidade das IPSS estudadas. Apenas uma (IPSS D) referiu que a missão era revista regularmente, de 5 em 5 anos, no momento de revisão dos planos estratégicos da organização. Nos restantes casos, duas referiram ter sido um processo impulsionado pela certificação da qualidade (IPSS A e E), uma (IPSS B) partiu do reconhecimento de necessidades sociais que careciam de resposta e reclamavam repensar e alargar o seu âmbito de intervenção e noutra (IPSS C) a missão mantém-se original. Na perspetiva dos entrevistados, a revisão da missão tem permitido aprimorar o sentido da ação de cada organização, mantendo-se, de modo geral, fiel à sua identidade original. Num dos casos, o diretor referiu que a revisão da missão, se for demasiado regular ou envolver alterações mais profundas, pode revelar alguma falta de consistência na perspetiva da comunidade e dos parceiros. Por isso, definir claramente a sua missão e

---

[13] Numa entrevista efetuada a um agente de limpeza dos edifícios da NASA quando lhe perguntaram qual a sua visão do trabalho que desenvolvia na empresa ele respondeu: "levar o homem à Lua". A compreensão do contributo de cada elemento para a estratégia global da organização é fundamental para o sucesso da organização ou projeto; e é um facto que manter os edifícios limpos é um contributo importante para a realização do trabalho necessário para levar o homem à Lua.

a sua estratégia, diferenciando-se de outras instituições e apostar numa prática de transparência e informação aos *stakeholders* externos é importante para adquirir legitimidade e apoio junto dos mesmos.

> *"Eu acho que a missão das IPSS não deve ser mudada constantemente porque na minha opinião o que nos distingue das outras instituições ao redor é a nossa missão. [...] A comunidade tem que nos diferenciar por isso. E nós diferenciamo-nos transmitindo à população e às pessoas que nos financiam e nos ajudam na nossa missão, que nós somos especialistas naquilo que fazemos e diferenciamo-nos das outras instituições"*. IPSS E, Diretor.

Para além da preocupação com a consistência da missão aos olhos dos *stakeholders* externos, é fundamental que as organizações se preocupem com a sua coerência com a mesma, o que implica uma análise crítica sobre a sua conduta, uma reflexão sobre os contextos que a desafiam e um posicionamento ético face aos mesmos, de compromisso com os seus valores e princípios, o que nem sempre é muito evidente nas organizações.

4.1.2 Avaliação da estratégia organizacional

A missão organizacional, de forma mais ou menos direta, serve de base ao planeamento e gestão da estratégia das organizações. Naquelas onde existe uma missão mais clara e concertada, a articulação entre a missão e a estratégia organizacional parece ser mais evidente. Outro dado obtido sugere existir uma influência positiva entre a dimensão das IPSS, a profissionalização dos recursos humanos e o planeamento e gestão estratégica das organizações, dado que as IPSS classificadas neste estudo como sendo de média/grande dimensão, com quadros técnicos superiores, apresentam uma articulação mais orgânica entre a missão, os eixos de ação, os objetivos estratégicos (da instituição e de cada serviço/valência), os objetivos operacionais, as metas, os responsáveis, os indicadores de avaliação e o orçamento. Nas IPSS de pequena dimensão, a estratégia da organização tende a apresentar-se de forma mais operativa, centrada nos planos de atividades, definidos a curto prazo (em média um ano), nos quais constam os objetivos, as ações, o orçamento e os *stakeholders* (parceiros e destinatários). Estes dados diferenciados relativos à conexão entre o tamanho da instituição e a relevância atribuída ao planeamento estratégico podem estar relacionados com:

a) processos distintos de gestão dos recursos (humanos e financeiros). As IPSS de maior dimensão sentem maior necessidade de definir planos de ação a médio/longo prazo (em média de três anos) para cada serviço/valência, de modo a canalizar os recursos adequados e motivar os colaboradores para objetivos específicos, que contribuam para o bem comum da organização;

b) a profissionalização dos colaboradores e dirigentes e o respetivo conhecimento e sensibilidade para a implementação de processos de gestão organizacional mais estratégicos;

c) a sustentabilidade das organizações (no que concerne sobretudo a fontes de financiamento), já que as IPSS de maior dimensão necessitam de mais recursos, logo precisam de desenvolver mais estratégias para dar visibilidade ao seu trabalho no sentido de conquistar maior legitimidade e apoio para prosseguirem a sua missão.

A revisão da estratégia organizacional passa, em grande medida, pela avaliação dos planos de atividades. O exercício seguido por muitas IPSS consiste na análise das atividades realizadas por referência ao plano de atividades previamente definido, focando-se na reflexão sobre quais as que foram realizadas, e em que medida, e quais as que não foram realizadas e por que razão. Este exercício permite, por um lado, analisar de que modo foram alcançados os objetivos propostos e, por outro, permite recolher informações úteis para a definição do próximo plano de atividades, nomeadamente para a consideração de atividades mais adequadas às necessidades sociais e à capacidade operativa das IPSS. Esta análise é depois integrada nos relatórios de avaliação que produzem pelo menos anualmente (embora também haja instituições que produzem relatórios trimestrais de monitorização e semestrais de avaliação).

Quando questionados sobre o processo e o conteúdo da avaliação, bem como sobre os seus benefícios para uma maior eficácia da intervenção, as opiniões dos diretores e dos profissionais diferem em alguns casos. Começando pelo processo, o volume de trabalho dos profissionais é, na maior parte dos casos, considerado, pelos próprios, excessivo para a sua capacidade operacional. A falta de recursos humanos e financeiros é referida várias vezes como uma condicionante para uma maior eficácia da intervenção das organizações. Desde logo, o tempo para intervir nem sempre é suficiente para delinear a resposta mais adequada a todas as solicitações e, ainda menos, para uma reflexão crítica e aprofundada sobre a intervenção e o contexto envolvente que nela interfere. Em consequência, o processo de avaliação muitas vezes não ocorre nas condições ideais para uma efetiva aprendizagem profissional e organizacional. Este aspeto é referido principalmente pelos profissionais que lidam de forma mais direta com as procuras sociais e mais depressa sentem a necessidade de refletir e avaliar em que medida estão a concretizar a missão organizacional. Os diretores estão conscientes desta questão, mas nem sempre consideram ter grande capacidade de ação para alterar a situação, face às solicitações da entidade tutela a que as IPSS procuram sempre dar resposta.

Quanto ao conteúdo da avaliação, este centra-se, na maior parte dos casos, na caracterização dos cidadãos e famílias que as IPSS acompanham, na identificação das principais necessidades sociais e na descrição das atividades realizadas. Desta forma, é possível analisar algumas tendências, como por exemplo as características da procura e o aumento ou diminuição de determinadas problemáticas. No entanto, não permite uma análise mais fina, através do cruzamento de indicadores (e.g., perceber se determinadas problemáticas estão mais associadas a famílias e contextos com características particulares).

Este tratamento de dados podia ser interessante, na perspetiva dos profissionais, até porque alguns dos entrevistados, como já têm uma larga experiência na intervenção social, acompanham as mesmas famílias há vários anos (estando já a acompanhar a segunda e terceira geração), o que sugere que, de alguma forma, nesses casos, as respostas sociais não têm sido suficientemente eficazes e carecem de maior compreensão.

Apesar de reconhecerem a pertinência desse estudo para uma maior eficácia da intervenção (*i.e.*, compreender melhor as necessidades sociais e a sua evolução, refletir criticamente sobre os processos de intervenção que têm vindo a ser implementados e analisar os seus impactes na vida das pessoas com as quais intervêm), os profissionais consideram ter várias limitações para o fazer: a) o volume de trabalho superior à sua capacidade operacional, b) a necessidade de demonstrar resultados (mais ou menos implícita) e c) a ausência de apoios e incentivos para refletir em conjunto sobre o modo como estão a intervir e quais os seus impactes (por exemplo, através de formação, de supervisão e de sessões de trabalho focalizadas entre colaboradores, entre parceiros e entre profissionais das IPSS e da Segurança Social). Em acréscimo, fica ainda a faltar integrar a perspetiva dos cidadãos alvo de intervenção para que a discussão sobre estes fenómenos não seja unidirecional (circunscrita à perspetiva dos profissionais), e para que seja possível uma compreensão mais holística e aprofundada sobre os processos de intervenção social e a sua articulação (mais adequada e eficaz) às necessidades sociais.

Sob tais pressupostos, os relatórios de avaliação elaborados pelas IPSS pautam-se geralmente por um conjunto de indicadores quantitativos sobre a atividade da organização (*e.g.*, número de pessoas acompanhadas, número de atendimentos, entre outros), a pedido da entidade tutela, e por alguns indicadores qualitativos, normalmente propostos pelas IPSS, que procuram justificar os resultados obtidos. Apesar de reconhecerem alguns benefícios deste exercício, como recolher contributos para a concretização da missão e para planear a curto prazo a estratégia organizacional, os profissionais contactados consideram que o mesmo, de forma geral, não transmite toda a significância da intervenção social (designadamente, aspetos da relação de ajuda entre o profissional e os cidadãos, como estar disponível para escutar a pessoa, que são fundamentais para os resultados obtidos), nem permite uma aprendizagem e mudança efetivas. E isto sobretudo devido ao conteúdo de um tal exercício (descritivo e superficial), ao processo que lhe está subjacente (parcialmente participado, pouco aprofundado e periódico, em vez de contínuo) e à (mera) função instrumental, ou funcional, que visa cumprir (dado servir em grande medida para dar resposta às exigências dos agentes financiadores e do governo).

"Acho que os relatórios são um bocado descritivos, pouco avaliadores e acabam por ser superficiais. É aí que eu acho que os nossos relatórios têm que melhorar. Eles têm que nos permitir refletir de uma forma estratégica. Ou seja, o que é que eu quando faço um relatório anual, por exemplo, retiro para melhoria do próximo plano? Não é que não faça opções a partir daí, (...) mas são no plano do curto prazo. Ou seja, os relatórios não são suficientemente impulsionadores. Os momentos em que avaliamos as atividades não são suficientemente impulsionadores para nós mudarmos se tivermos de mudar. Até porque eles por si só não chegam." IPSS D, profissional

Qual o propósito deste exercício se não contribui para uma aprendizagem e mudança organizacional significativas? Por que razões tal acontece? Poderá dever-se à insuficiência de recursos humanos? Qual a consciência dos dirigentes e dos colaboradores sobre a importância deste exercício? Estes dados remetem-nos para uma reflexão mais profunda sobre a lógica e as vantagens inerentes a todo este processo, o que radica nas questões da *accountability*.

As IPSS, sendo organizações que prestam um serviço público e são financiadas, em grande medida pelo Estado, são obrigadas a cumprir um conjunto de requisitos sobre a sua atividade, como o cumprimento de normas e a prestação de contas a nível operacional (*i.e.*, o que fazem) e financeiro (*i.e.*, como aplicam o dinheiro e para que fins). Esta perspetiva situa-nos no que Ebrahim (2003a), Cavill e Sohail (2007) designaram por *accountability* funcional e espelha uma visão muito restrita daquilo que pode ser a *accountability* na sua globalidade.

4.2 Mecanismos de *accountability* utilizados pelas IPSS

Partindo daquilo que era sentido pelos entrevistados como um pedido, mais ou menos explícito, consoante o *stakeholder* em causa, para a prestação de contas e visibilização de resultados, procurou-se compreender de que forma as IPSS gerem as expectativas e solicitações das diferentes partes interessadas, através da análise dos mecanismos de *accountability* utilizados pelas IPSS por referência ao destinatário. Seguindo a categorização proposta por Ebrahim (2003; 2010) sobre os mecanismos de *accountability* procurámos sistematizar, a partir dos dados recolhidos via análise documental e entrevistas, os instrumentos e processos de *accountability* utilizados pelas IPSS, de acordo com a sua natureza, isto é, de transparência, avaliação ou participação (*cf.* Tabela 7).

Os mecanismos de transparência contemplam informação sobre a estrutura organizacional, as atividades desenvolvidas e os recursos aplicados. Os planos de atividades, os relatórios semestrais e anuais, os relatórios de contas e o registo de procedimentos são os instrumentos mais citados e destinam-se aos *stakeholders* com mais poder, como a Segurança Social. A estes mecanismos acrescem:

i) as reuniões de Direção e de equipa para planeamento, implementação e avaliação de ações;

ii) as atividades recreativas (*e.g.*, festa de Natal) para os colaboradores e população-alvo, onde podem ser apresentados por exemplo os principais resultados alcançados durante o ano;

iii) as publicações com informação sobre a organização, atividades, entrevistas, testemunhos, estudos sobre diversas temáticas e,

iv) os meios de comunicação (*e.g.*, jornais e rádios locais, página *web, facebook, blogs, newsletter*) que divulgam as atividades da organização junto da população-alvo, da comunidade e dos parceiros.

Tabela 7 - Mecanismos de accountability utilizados pelas OTS

	Mecanismos de transparência		Mecanismos de avaliação		Mecanismos de participação	
	Instrumentos/ processos	*Stakeholders*	Instrumentos/ processos	*Stakeholders*	Processos	*Stakeholders*
IPSS A	Relatórios anuais; plano de atividades; registo de procedimentos; relatórios de contas	Segurança Social; financiadores	Questionários de avaliação de satisfação	População alvo	Reuniões de Direção e de equipa	Colaboradores
			Relatórios anuais	Segurança Social		
	Reuniões de Direção e de equipa	Colaboradores	Reuniões de direção e de equipa	Colaboradores	Plano individual	Beneficiários diretos
IPSS B	Plano de atividades; relatórios anuais; registo de procedimentos; relatórios de contas	Segurança Social; financiadores	Relatórios anuais	Segurança Social	Reuniões/ sessões de trabalho (Projetos)	Parceiros
	Publicações	Todos os *stakeholders*	Reuniões/ sessões de trabalho (Projetos)	Parceiros		
	Atividades (e.g., festa de natal)	Colaboradores e população alvo	Questionários de avaliação; sondagem de opinião	População alvo e comunidade	Questionários de avaliação/ consulta	Beneficiários diretos
	Reuniões de direção e de equipa	Colaboradores	Reuniões de direção e de equipa	Colaboradores	Reuniões de direção e de equipa	Colaboradores
IPSS C	Relatórios anuais; plano de atividades; relatórios de contas	Segurança Social	Relatórios anuais	Segurança Social		
	Meios de comunicação (e.g., página web)	Comunidade, população alvo, parceiros	Reuniões de direção e de equipa	Colaboradores	Plano individual	Beneficiários diretos
	Atividades (e.g., festa de natal)	Colaboradores e população alvo				

Mecanismos de transparência		Mecanismos de avaliação		Mecanismos de participação	
Instrumentos/processos	*Stakeholders*	Instrumentos/processos	*Stakeholders*	Processos	*Stakeholders*
IPSS D Relatórios de monitorização trimestral; relatórios de formação; relatórios de atividades; relatórios de contas	Coordenação nacional da organização	Relatórios semestrais e anuais	Segurança Social; coordenação nacional da organização	Reuniões/sessões de trabalho	Colaboradores; parceiros e comunidade
Relatórios semestrais e anuais; plano de atividades	Segurança Social; coordenação nacional da organização	Reuniões de associados	Colaboradores e comunidade	Reuniões de associados	Colaboradores e comunidade
Assembleias; reuniões de direção e de equipa	Colaboradores	Assembleias; reuniões de direção e de equipa	Colaboradores	Assembleias; reuniões de direção e de equipa	Colaboradores
Publicações; meios de comunicação (*e.g.*, página web, *facebook*, blogs, newsletter)	Todos os *stakeholders*	Questionários de avaliação	População alvo	Questionários de avaliação/consulta	Beneficiários diretos
IPSS E Plano de atividades; relatórios anuais; registo de procedimentos; relatórios de contas	Segurança Social; financiadores	Relatórios anuais	Segurança Social	Reuniões gerais de funcionários e reuniões por equipas	Colaboradores
Reuniões gerais de funcionários e reuniões por equipas	Colaboradores	Reuniões gerais de funcionários e reuniões por equipas	Colaboradores		
Meios de comunicação (*e.g.*, jornais e rádios locais, página web, *facebook*)	Comunidade, população alvo, parceiros	*Focus Group*; questionários de avaliação de satisfação	População alvo	Plano individual	Beneficiários diretos
				Focus Group	População alvo

Fonte: entrevistas semiestruturadas; análise de documentos (*e.g.*, relatórios, plano de atividades, manual de processos-chave; *newsletter*, página *web*)

Os mecanismos de avaliação procuram compreender e analisar o desempenho organizacional e os resultados obtidos com vista à sua melhoria. Os mecanismos mais comuns nas IPSS são as reuniões de direção e de equipa e os relatórios anuais que se destinam principalmente à Segurança Social. Com os parceiros, a avaliação, por norma, só ocorre quando desenvolvem ações ou projetos conjuntos.

Com a população-alvo, as IPSS criaram instrumentos como questionários de avaliação de satisfação (IPSS em processo de certificação da qualidade), e outros menos comuns, como a sondagem de opinião realizada junto da comunidade, e a realização de sessões *focus group* com os cidadãos de uma das respostas sociais para recolher o seu feedback sobre a mesma. Estes processos, por norma, são conduzidos por iniciativa das IPSS e são mais irregulares, comparativamente aos mecanismos que se destinam aos parceiros e financiadores. Os mecanismos de avaliação destinam-se essencialmente à Segurança Social, verificando-se uma lacuna em relação às restantes partes interessadas, como refere um dos entrevistados:

> *"Destinam-se essencialmente à Segurança Social. Ainda não conseguimos fazê-lo à comunidade. Temos aí essa falha. A população sabe que intervimos, vêem alguns resultados, mas não que nós estejamos a conseguir transmiti-lo. Acho que um dos nossos constrangimentos é esse."* IPSS E, Diretor.

Os mecanismos de participação visam integrar as partes interessadas no processo de tomada de decisão. Para envolver os *stakeholders* internos (colaboradores) são realizadas reuniões de Direção e de equipa para auscultação dos colaboradores sobre o planeamento e estratégia organizacional (*e.g.*, diagnóstico, análise sobre as oportunidades e desafios externos e internos, prioridades, objetivos, estratégias). Para integrar os *stakeholders* externos (parceiros), mais comum em ações e projetos conjuntos, realizam-se reuniões/sessões de trabalho para recolha de propostas e definição de estratégias de colaboração. O envolvimento dos cidadãos beneficiários diretos tem sido feito através de:

i) questionários de avaliação (aqui designados por questionários de avaliação/consulta, dado que se processa apenas a consulta das pessoas e não uma participação efetiva na tomada de decisão);

ii) sessões *focus group* que servem para avaliar e propor ações;

iii) planos individuais que servem para conhecer as necessidades e expectativas das pessoas, de modo a considerá-las nas respostas sociais.

Quanto à forma, isto é, aos mecanismos utilizados, as IPSS não diferem muito entre si, à exceção de um ou outro processo (*e.g.*, sondagem de opinião, *focus group*). Este dado pode estar relacionado com o enquadramento legal das próprias organizações e corrobora, em certa medida, a tendência para o isomorfismo institucional (DiMaggio e Powell, 1983). A diferença pode estar no processo e na gestão da informação. Os dados obtidos neste estudo sugerem que a introdução da filosofia da *accountability*, e destes mecanismos em particular, nas OTS são uma realidade ainda muito recente e as próprias instituições se encontram numa fase de apropriação do conceito e de experimentação destes mecanismos.

O desenvolvimento dos mecanismos de *accountability* foi incentivado, em parte, pelo Sistema de Gestão da Qualidade, em curso em muitas IPSS, que levou à criação de um conjunto de instrumentos que estruturam todo o processo de intervenção (*e.g.*, objetivos, campo de aplicação, indicadores, modo operatório, instruções de trabalho para a realização das atividades, instrumentos de suporte ao registo, monitorização e avaliação das atividades realizadas, *stakeholders* intervenientes). Quando questionados sobre a utilidade e importância de instrumentos como estes, a opinião parece ser unânime entre os profissionais e diretores das IPSS e os técnicos de acompanhamento das respostas sociais do Centro Distrital. Todos referiram mais-valias associadas a estes instrumentos no que toca à organização das tarefas (*e.g.*, circuito da intervenção), à transparência dos procedimentos (*e.g.*, quem faz o quê, quando e como) e à avaliação das atividades (*e.g.* caracterização das principais respostas). Estas mais-valias, em termos práticos, traduzem-se numa maior orientação dos profissionais sobre os procedimentos a seguir nos vários contextos (*e.g.*, acolhimento, integração das pessoas na resposta social, encaminhamento) e permitem concretizar e dar visibilidade ao trabalho que desenvolvem (número de processos, número de encaminhamentos, respostas sociais).

"Estou afeta aqui à Instituição, mas para além do manual de procedimentos internos, tenho de aplicar também o manual de procedimentos da Segurança Social. [...] E tudo isso exige um registo enorme de formulários. Desde o momento que o utente entra e vai para o atendimento é-lhe dado um formulário para me entregar com documentos e depois, a partir daí, tem que ser tudo registado: se foi atendido, se não foi, porquê e o que é que se fez no trabalho de acompanhamento à pessoa que nos procurou. [...] Em termos de organização, se nós conseguirmos ter tudo registado, e se fizermos isso como uma prática, sempre diária: uma visita domiciliária, temos de ter um registo logo; qualquer atendimento, fazer os tais registos exigíveis todos que tem que se fazer. Às vezes, até só um contacto telefónico se deve registar. Se nós fizermos isto diariamente e metodicamente, ao fim de um período de alguns meses, isso nota-se uma diferença. É uma mais-valia". IPSS E, profissional

Resultados similares foram obtidos no estudo de Banks (2004), onde os entrevistados pontuaram a utilidade e importância de documentos do mesmo género, dado que capacitam os profissionais a estarem mais informados e a prestarem um serviço de maior qualidade, à partida, e permitem uma prática profissional mais transparente na relação com as pessoas.

Por outro lado, vários entrevistados sentem que tantos instrumentos/procedimentos conduziram a uma burocratização da intervenção, o que limita, em diversos aspetos, a sua eficácia, como por exemplo, no tempo que os profissionais têm disponível para estar com e escutar as pessoas, para intervir e para refletir sobre a própria intervenção. Facto que acaba por se revelar paradoxal tendo em conta que subjacente aos processos de *accountability* está o compromisso com as pessoas e a missão de promover o seu maior bem-estar. Desta forma estes processos podem acabar por cumprir outra função (mais institucional, de prestação de contas a outros *stakeholders* com mais poder) que não aquela que deveriam privilegiar (*i.e.*, informar as pessoas, integrá-las na tomada de decisão e expandir os seus direitos efetivos).

"Eu acho que nós não temos tempo... Falta o tempo. Não dá! Porque para nós fazermos isso tudo, o tempo não duplica. O trabalho é o mesmo,

ou duplica ou triplica, mas o tempo não. E então o que é que acontece? Nós para fazermos esse tipo de registos das duas uma: ou temos tudo em ordem e a qualidade está a ser implementada, ou então não olhamos para o utente. Não dá tempo para olhar para a cara dele. É quase assim: ele fala, fala, fala e nós estamos mais um papel, agora tem de assinar aqui, agora temos de fazer isto, agora falta mais um documento que tem que me trazer no próximo atendimento. O aspeto humano fica muito muito aquém. Mas sem dúvida. Isso é impossível. Perde-se realmente o aspeto humano." IPSS E, profissional

"*Com tanto para fazer com as famílias, às vezes eu passo manhãs, tardes, dias inteiros à frente do computador. O que é isto? Então eu estou aqui na comunidade para quê? Estou aqui para trabalhar com as famílias!*" IPSS B, profissional

"*Rouba-nos muito tempo para estarmos com as famílias... À razão de estarmos aqui! Neste momento há para aí uns 300 impressos a circular. A organização é útil, o excesso é que complica. Porque sim, é muito útil estar tudo organizado e sabermos que aquilo está ali. Agora, o excesso de... acaba por prejudicar. Bastante!*" IPSS A, profissional

Também no estudo de Banks (2004), os profissionais referiram sentir que os instrumentos/procedimentos concentram tanta informação que acabam por interferir no trabalho com as pessoas. Um dos exemplos referidos prende-se com a excessiva informação que é solicitada, dado que os instrumentos foram desenhados para cobrir todas as necessidades e têm questões que são irrelevantes para determinadas situações com que o profissional trabalha. Os profissionais despendem tanto tempo a preencher todos os campos que acabam por negligenciar aspetos importantes na relação com as pessoas com quem trabalham.

Aqui coloca-se em confronto a chamada responsabilidade burocrática perante os serviços a que os profissionais pertencem e a responsabilidade substantiva perante os cidadãos que necessitam do seu apoio (Sousa, *et al.*, 2007). Duas responsabilidades potencialmente conflituantes, principalmente quando condicionam a capacidade de os profissionais se envolverem no processo de intervenção com os cidadãos. No entanto, comprometidos com os princípios de cidadania e justiça social que moldam a sua atuação, os profissionais devem posicionar-se crítica e eticamente no sentido de controlar estas pressões para que não se desviem da sua missão.

Apesar dos benefícios associados aos processos de *accountability*, a importância que lhes é atribuída varia significativamente. Scholte (2003; cit. por Murtaza, 2012) desenvolveu um estudo com mais de 600 organizações não-governamentais (ONG) de todo o mundo e constatou que a maior parte das organizações, na prática, atribui pouca atenção a esta questão por ser percecionada como um processo caro, moroso e com pouca relevância para o seu trabalho. Alguns dos entrevistados nesse estudo consideram que o poder das ONG é limitado em comparação com outras organizações e olham com desconfiança para os apelos no sentido de uma maior transparência e responsabilização das ONG dada a motivação questionável de alguns agentes (lobistas, governos e financiadores) para usá-los como meios para regular a ONG. Argumentos que, embora não coloquem em causa a utilidade dos processos de *accountability*, demonstram a necessidade de garantir que estes mecanismos devem fornecer benefícios efetivos para a melhoria de práticas de atuação, devem ser mais acessíveis ao orçamento destas organizações e devem procurar equilibrar a informação que é partilhada e as relações de poder entre as partes interessadas.

4.3 Práticas de articulação entre os processos de *accountability* e a missão organizacional

Os processos de *accountability* emergem na literatura e neste estudo empírico como um fenómeno que ora condiciona, na vertente funcional, ora reforça, na vertente estratégica, a missão organizacional. No sentido de aprofundar como se processa esta articulação, segue-se a discussão dos dados recolhidos centrada em três grandes eixos: i) sustentabilidade financeira, ii) avaliação e iii) *accountability* profissional e participação.

4.3.1 A sustentabilidade financeira, entre o desvio e o reforço da missão

A preocupação com a sustentabilidade financeira das organizações é uma questão cada vez mais evidente no seio das OTS, como refere um dos entrevistados:

> *"A sustentabilidade é um parâmetro que está muito na moda. Como não somos sustentáveis por nós próprios, precisamos de fazer uma prática de sustentabilidade para continuarmos a concretizar a nossa missão."* (IPSS E, Profissional).

Perante o acesso cada vez mais restrito ao financiamento estatal, as IPSS começam de facto a sentir necessidade de diversificar as suas fontes de financiamento para poderem continuar a concretizar a sua missão.

A questão da sustentabilidade financeira das OTS tem conduzido a várias discussões que se prendem com a sua articulação com a missão organizacional. Por um lado, a excessiva dependência de financiamentos externos (principalmente estatais) pode desviar o foco das organizações para atender prioritariamente às expectativas e aos interesses dos agentes financiadores, o que pode condicionar a sua autonomia e desvirtuar o sentido de eficácia na concretização da sua missão. Por outro lado, a procura de maior autossustentabilidade financeira pode levar as organizações a aproximarem-se do funcionamento das lógicas de mercado, nomeadamente através da venda de produtos e serviços aos clientes com poder de compra para os mesmos, o que pode conduzir, se ultrapassados determinados limites, ao desvio da sua missão organizacional, que é também social, pelo facto de não cobrir as necessidades daqueles que não têm poder de compra para lhes aceder.

Pelo exposto, percebemos como a questão da sustentabilidade financeira das OTS é um tema sensível. A solução para gerir este dilema pode passar pela reafirmação da missão das OTS, em vez da sua diluição, na sua relação com os *stakeholders*. E é também aqui que os processos de *accountability* podem desempenhar um papel importante. Esta questão surgiu no decurso das entrevistas em duas IPSS e em ambas os mecanismos de *accountability* de transparência têm sido mobilizados na procura de respostas para este dilema. Em ambas se verificou um movimento no sentido de uma maior transparência interna, através da informação a todos os colaboradores sobre o plano financeiro da Instituição, seguido de um apelo ao seu envolvimento na definição e implementação de estratégias para colmatar as fragilidades financeiras. A estratégia e o processo que se seguiu foi distinto nas duas IPSS e a perceção dos entrevistados sobre o mesmo também. Num caso (IPSS A), o profissional entrevistado salienta como este processo de maior transparência interna se traduziu também numa maior responsabilização pelo orçamento e pela racionalização e alocação de recursos necessários à sustentabilidade da organização.

> *"As coisas foram mudando. Pelo menos mais participativo é, mais responsável em relação a uma série de coisas é. Nós até há uns anos atrás nunca tínhamos participado em reuniões de discussão de contas. Esta resposta está a custar isto. Estamos a gastar muito, pouco... Nós nunca tivemos que nos preocupar com isso. E ultimamente nós somos chamadas a participar nisso, a tomar consciência do que é que se gasta, do que é que não se gasta. Sinto que as coisas têm mudado muito nesse sentido. Somos muito mais obrigados a ter consciência e a ser responsáveis por mais coisas que antes não eram da nossa responsabilidade. Portanto, tem de bom, como tem de mau."* IPSS A, Profissional

Desta forma, os profissionais são chamados a integrar preocupações e funções ao nível da gestão. Para além de serem responsáveis por promover serviços de qualidade, na procura de maior eficácia, são também responsáveis por parte da gestão dos recursos, na procura de maior eficiência. Neste caso, a estratégia de sustentabilidade foi percecionada como um fator que pode desviar a atenção dos colaboradores para atividades de angariação de fundos que não se prendem diretamente com a sua missão:

> *"Nós não geramos lucro. [...] Nós produzimos valor social, mas depois as instituições não pagam contas com valores sociais. A questão da sustentabilidade é uma questão interessante e importante, mas muito*

honestamente corremos o risco de, às vezes, ter aí as pessoas, os técnicos, os profissionais mais preocupados em vender rifas e em irem fazer turnos para as barraquinhas que se montam nas feiras temáticas, do que propriamente a prestar o serviço às famílias, a ir a casa das famílias, porque passam a ser responsáveis por angariar fundos para garantir a sustentabilidade financeira dos serviços." IPSS A, Profissional

Em outra IPSS (E), a estratégia de sustentabilidade parece permitir reforçar a missão, na medida em que, do ponto de vista interno, a postura de transparência e abertura impulsionou a apropriação do problema por parte dos colaboradores e mobilizou-os para a ação. Foram definidas ações de acordo com as propostas e competências dos colaboradores, uma combinação que permitiu motivá-los e envolvê-los de forma mais efetiva. Do ponto de vista externo, procurou-se alcançar uma comunicação mais transparente com os *stakeholders* externos. Neste caso, a estratégia passou por divulgar as ações de angariação de fundos da organização, associadas à sua finalidade e depois por devolver os resultados obtidos com essa ação aos *stakeholders*:

"Eu acho que é fundamental utilizarmos os meios tecnológicos que temos ao nosso dispor para informarmos a comunidade sobre aquilo que fazemos. [...] Tentamos divulgar todas as nossas ações e depois de elas serem realizadas, tentamos também dar o feedback sobre o que é que nós conseguimos com isso. No final de cada ação, nós transmitimos qual foi o resultado dessa ação porque achamos que as pessoas têm de saber qual foi o resultado: em termos financeiros, o que é que nós conseguimos; mas têm de saber também para que é que nós fizemos isso. Nós tentamos sempre ligar determinada ação a determinado objetivo. [...] Tentamos que as pessoas se identifiquem com a causa, porque acho que se as pessoas se identificarem com a causa e se souberem qual foi o feedback, qual foi a consequência de terem ajudado, mais facilmente se fidelizam". IPSS E, Diretor.

Em consequência, esta estratégia parece trazer vários benefícios para a organização não só do ponto de vista financeiro, mas também em termos de legitimidade interna e externa. Deste modo, tem sido possível reforçar a sua presença na comunidade, dar visibilidade ao trabalho que desenvolvem, adquirir mais legitimidade e captar apoios, que por sua vez têm permitido aumentar a sua capacidade operacional para concretizar a sua missão, isto é, criar valor social. Estes dados parecem reforçar a lógica representada no triângulo estratégico de Brown e Moore (2001) que sugere existir uma influência positiva entre criação de valor, legitimidade e apoio, e capacidade operacional.

As duas IPSS referidas apresentam características similares se considerarmos os critérios da amostra, dado que ambas são de média/grande dimensão, desenvolvem a sua atividade há mais de quatro décadas na comunidade, intervêm numa zona urbana e têm fontes de financiamento também muito similares. Por isso, em investigações futuras, seria interessante compreender:

i) como decorre o processo de definição e implementação de estratégias de sustentabilidade, focando quem participa, de que forma e com que regularidade;

ii) de que modo as estratégias se articulam com a missão da organização;

iii) como se processa a comunicação com os *stakeholders*.

Os dados obtidos neste estudo suscitam de facto a hipótese de que estratégias de sustentabilidade enraizadas na missão permitem reforçá-la, em vez de diluí-la, o que se articula com os processos internos e externos que desenvolvem nesse sentido. A realização de ações de angariação de fundos e/ou de serviços pagos e disponibilizados a toda a comunidade, com o objetivo de subsidiar aqueles que não são autofinanciados mas são o núcleo duro da razão de ser das OTS, pode ser uma estratégia de hibridização útil para as organizações, desde que não neutralize os segundos em função dos primeiros, nem desvirtue a missão organizacional.

Nesta perspetiva, que implica a agregação da missão e as escolhas estratégicas para a sua implementação, o modelo descrito por Bell *et al.* (2010), o "*matrix map*" (*cf.* Figura 11), parece-nos particularmente relevante e um catalisador criativo para outros possíveis modelos de avaliação estratégica em função de diferentes contextos e situações. O *matrix map* permite avaliar a pertinência relativa dos diferentes projetos/ações em curso numa OTS e tomar opções sobre quais é que devem prosseguir e quais devem ser abandonados numa ótica de eficácia de gestão que não descure a missão social a prosseguir. O modelo permite também conceber e ponderar as estratégias de autossustentabilidade financeira das OTS. Assim os projetos e ações são avaliados por referência a critérios de adequabilidade, eficácia e alavancagem e "classificados" em 4 quadrantes: "projeto-estrela" (*star-project*); "projeto a repensar" (*stop project*); "projeto-missão" *(heart project)*; "projeto de fundos" *(money tree project)*.

Figura 11 - Matrix Map de escolhas estratégicas versus missão organizacional

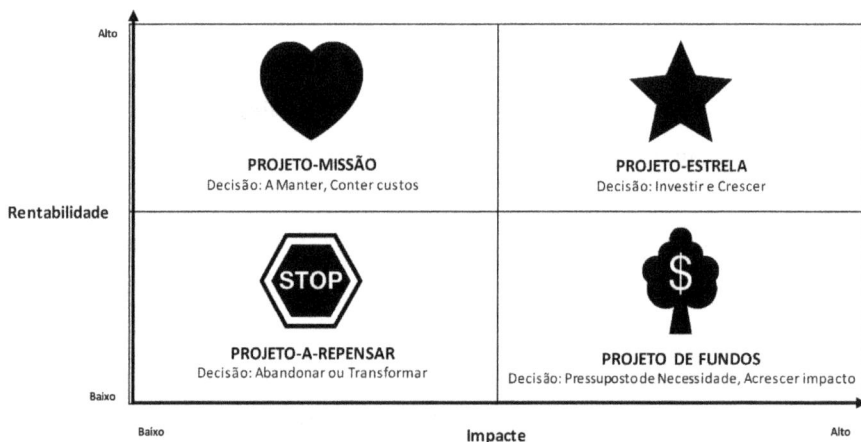

Fonte: adaptado de Bell *et al.*, 2010, p. 58

Segundo a conceção dos autores (Bell *et al.*, 2010), um "projeto-estrela" é aquele que oferece um alto nível de impacte (valor) e rentabilidade (bem financiado e de alto desempenho), por isso é estratégico para a sustentabilidade e consistência da iniciativa ou organização, devendo, em linha com a respetiva missão, receber um maior investimento em tempo e recursos, a fim de maximizar as respostas que oferece e de introduzir inovações através, por exemplo, de projetos-piloto. Por outro lado, um projeto fraco, com baixo impacte e baixa rentabilidade ("projeto a repensar"), evidencia a necessidade de fazer escolhas racionais e proativas, ponderadas em função da contribuição do projeto para a prossecução dos objetivos/ missão da OTS e dos demais projetos que desenvolve. Se for considerado muito relevante para a missão da organização a equipa deve avaliar as razões para o fraco impacte e rentabilidade e delinear estratégias de *redesign*, seguidas e avaliadas rigorosamente, para transformar ou revitalizar o projeto ou a ação em causa. Os "projetos-missão" (com alto impacte e baixa rentabilidade) são concebidos como a "alma da intervenção" (Bell *et al.*, 2010, p. 86), o núcleo da missão a cumprir e por isso a sua preservação é fundamental. Sob este pressuposto, o imperativo estratégico para as OTS é controlar os seus custos e a quantidade de projetos que são colocados neste quadrante. Muitos *heart projects* tornam insustentável qualquer organização. Neste sentido, é também uma escolha estratégica ter alguns "projetos de fundos" (por exemplo, atividades de angariação de ativos financeiros; atividades/serviços pagos e disponibilizados para toda a comunidade, etc.) para subsidiar alguns projetos-missão. A este nível o imperativo estratégico das OTS é manter um número controlado e aumentar o impacte social dos projetos/serviços "lucrativos", numa perspetiva de hibridização de respostas, e não neutralizá-los. A funcionalidade da OTS será, na ótica dos autores, o produto do equilíbrio entre estes quatro quadrantes e as escolhas estratégicas a implementar para garantir, da melhor maneira possível, a coerência entre a missão e as estratégias de sustentabilidade financeira (Bell *et al.*, 2010).

Este modelo estratégico poderia ser complementado, numa análise mais contextualizada, através da integração de uma referenciação macro e da consideração dos fluxos de influência interna e externa nos quatro quadrantes. Considerando nomeadamente a conjugação entre a análise interna e externa, influenciando cada quadrante, é possível escolher algumas opções estratégicas (Carvalho & Filipe, 2010, p. 126):

1) para "mover", analisando a relação entre oportunidades e pontos fracos;

2) para impulsionar, considerando a relação entre oportunidades e pontos fortes;

3) para proteger, por meio da análise da associação entre as ameaças e pontos fracos, ou,

4) para limitar os riscos, considerando-se a associação entre as ameaças e os pontos fortes.

As OTS devem pois ser geridas por referência à sua missão e não de acordo com as vicissitudes do financiamento. Em causa não deve estar apenas a procura de novas fontes de financiamento, mas a necessidade de questionar e intervir sobre o contexto político e financeiro que influencia (e condiciona) a sua atuação. O papel político das organizações tende a desvanecer-se face às fortes pressões externas a que estão sujeitas e à ausência de uma ação coletiva concertada, capaz de exercer uma influência sustentada sobre as políticas sociais. Enquanto não existir um movimento ascendente de reivindicação e ação coletiva, o campo de atuação destas organizações poderá continuar a ficar cada vez mais subordinado aos interesses daqueles que, por deterem o capital financeiro, se afirmam com mais poder. Facto que reforça a necessidade das OTS desenvolverem esforços no sentido de se associarem a vários *stakeholders* para, em conjunto, trabalharem a sua sustentabilidade no plano político, económico e social, em vez de medidas que a médio/ longo prazo poderão revelar-se paliativas e insuficientes.

4.3.2 A avaliação, entre o controlo e a aprendizagem organizacional

A avaliação da estratégia organizacional, conforme referido, parece cumprir uma função mais instrumental, de resposta às exigências dos agentes financiadores e de governo, do que uma função reflexiva e crítica de aprendizagem e mudança organizacional. Esta orientação tende a situar os processos de avaliação numa lógica de auditoria e controlo, característica da *accountability* funcional, e não tanto numa lógica de *accountability* estratégica, como seria desejável, focada na prossecução da missão organizacional. Ainda que, através dos atuais processos de avaliação, seja possível identificar o cumprimento de vários normativos, principalmente pelo acompanhamento que é feito pelos técnicos do Centro Distrital da Segurança Social às IPSS, e alguns resultados, essencialmente quantitativos, o conteúdo da avaliação não permite ainda, de facto, uma análise efetiva e completa sobre a qualidade e o impacte dos serviços prestados, na ótica nomeadamente dos cidadãos que deles beneficiam, nem uma aprendizagem e mudança significativas. E isto, em consonância com os dados recolhidos, devido ao processo unidirecional (das OTS para a Segurança Social) a que obedece a elaboração dos relatórios, à ausência de *feedback* sobre os mesmos por parte da Segurança Social, e à mera, e ainda parca, auscultação dos parceiros e cidadãos, através por exemplo de questionários de satisfação, que embora já sejam uma prática em várias instituições ainda não são a norma.

A prioridade atribuída à *accountability* funcional e a pouca relevância da mesma em termos de aprendizagem organizacional, que os dados parecem revelar, pode estar relacionada com:

i) a carência de recursos humanos, quer nas IPSS para fazerem outro tipo de avaliação mais crítica e aprofundada, quer na Segurança Social para analisar os relatórios e dar feedback sobre os mesmos;

ii) alguma resistência por parte das organizações em se abrirem ao escrutínio dos parceiros e da comunidade em geral, talvez por questões de poder, por receio de as suas decisões serem questionadas em virtude de quadros valorativos e conceções de sucesso distintas e,

iii) o quadro normativo em que os processos de avaliação decorrem (*e.g.*, grande parte da avaliação é feita de acordo com critérios definidos hierarquicamente, os quais nem sempre se relacionam diretamente com a qualidade da intervenção, como por exemplo aspetos ligados ao edificado das organizações, e o processo de consulta aos cidadãos sobre o desempenho das organizações não tem sido possível concretizar-se regularmente nem num contexto tão neutro quanto seria desejável).

O facto de as avaliações estarem tão concentradas nesta função instrumental, de procura de legitimidade e apoio, pode levar as OTS a desconsiderar resultados menos positivos, para não penalizar a sua imagem aos olhos dos *stakeholders*, o que, naturalmente, não é positivo para a aprendizagem e mudança organizacional. Por todas estas razões, a avaliação acaba por ser subaproveitada, quando comparada com o potencial que na sua essência pode representar para as organizações, no que respeita ao planeamento estratégico e à avaliação de impactes da sua intervenção.

Porém, esta tendência parece não ser exclusiva das IPSS em Portugal, dado que outros estudos realizados internacionalmente obtiveram resultados similares. Por exemplo, Fine, Thayer e Coghlan (2000; cit. por Ebrahim, 2005) constataram, a partir de um estudo que envolveu 140 organizações dos Estados Unidos, que o principal propósito da avaliação é mensurar os impactes dos programas. Outros objetivos, como recolher informação para o planeamento estratégico, avaliar a qualidade dos serviços ou a satisfação dos beneficiários, têm pouca expressão. Além disso, são preferencialmente dirigidas a financiadores, à equipa dos programas, ao Governo e, com menor representatividade, aos beneficiários dos programas e a outras organizações.

Na verdade, conforme referido anteriormente, os processos de avaliação não devem esgotar-se em si mesmos e devem servir para melhorar o trabalho que as organizações desenvolvem através da aprendizagem organizacional. Tem-se verificado porém que estes processos tendem a orientar-se sobretudo para o cumprimento dos objetivos de *performance* e gastos financeiros, não sendo um contributo significativo para a melhoria de desempenhos futuros. Esta é uma das razões que parece justificar algum ceticismo por parte das organizações quanto à relevância, necessidade e efeito da avaliação. Riddell (1999, cit. por Ebrahim, 2005) constatou que as organizações tendem a centrar-se na ação em detrimento da sua análise, pois consideram que a sua legitimidade está mais associada ao serviço que prestam do que ao tempo que despendem a avaliá-lo. Além disso, pontuam as dificuldades que surgem na avaliação dos impactes a longo prazo, nomeadamente o que deve ser avaliado (que pode variar consoante as partes interessadas a quem se dirige) e a interferência de fatores causais que estão fora do seu alcance. Por vezes, a avaliação traduz-se em quantificar aspetos fáceis de mensurar sobre o trabalho que desenvolvem (como o número de pessoas a quem prestaram serviços), para responder às exigências dos seus superiores hierárquicos, enquanto fatores externos não são considerados. Por outro lado, os financiadores nem sempre se mostram sensíveis às dificuldades que as organizações enfrentam, principalmente as de pequena dimensão, e para o encargo que a avaliação nos moldes tradicionais representa, sem que lhes seja dada muita liberdade para inovar.

Também Carman (2011) que desenvolveu um estudo junto de 31 OTS, em Nova Iorque, constatou que, para a maioria das organizações, a principal motivação para fazer a avaliação parte do exterior. Para algumas destas OTS, estas ações fazem parte do contrato para a obtenção de recursos; para outras, a avaliação serve para recolher dados e cumprir rituais de comunicação em prol da sua legitimidade. Face a estes resultados, Carman (2011) concluiu que os financiadores podem incentivar uma avaliação mais crítica que não se cinja a "perguntar números". Em vez disso, poderia ser mais interessante pedir às OTS para demonstrarem como utilizam a informação que recolheram por via dos processos de avaliação para se melhorarem e repensarem, recompensando aquelas que a utilizam de forma significativa e consequente.

Um problema recorrente na questão da avaliação prende-se com o facto de as organizações produzirem mais informação do que aquela que conseguem interiorizar (Feldmana & March, 1981; cit. por Word, Stream & Lukasiak, 2011) e, por isso, muitas vezes, essa informação não ser utiliza-da para tomar decisões informadas (Behrens & Kelly, 2008; cit. por Word, Stream & Lukasiak, 2011). Neste sentido, é importante que as OTS possam escolher os dados e indicadores que as ajudam a descrever o seu desempe-nho organizacional, o sentido que pretendem seguir e as suas conquistas, e utilizar essa informação para melhorar os serviços para os cidadãos e para os restantes *stakeholders*. Recolher dados pouco avaliadores e centra-dos nos resultados a curto prazo limita a capacidade das OTS de inovar, de tomar decisões e de mudar no sentido de se tornarem mais eficazes.

Os dados obtidos no presente estudo aproximam-se assim das conclu-sões alcançadas por Benjamin (2012), na medida em que os profissionais, em ambos os estudos, consideram que a avaliação de resultados não contempla aspetos importantes do seu trabalho e, em consequência, falha na análise dos impactes (mudanças significativas) que produzem na vida daqueles com quem intervêm.

A literatura aponta quatro razões possíveis para estes diferendos entre a intervenção e a avaliação. Primeiro, a avaliação de impactes tem estado intimamente relacionada com as exigências dos financiadores, pelo que se verifica uma tendência para recolher dados que são necessários para os relatórios em vez daqueles que são necessários para a aprendizagem e mudança organizacional. Segundo, a avaliação de resultados não foca o papel que as OTS desempenham no esforço coletivo (com os cidadãos) de responder às necessidades sociais. Terceiro, as abordagens estandardizadas não são compatíveis com a natureza indizível e contextualizada da intervenção social e, quarto, as OTS não têm capacidade para avaliar adequadamente os resultados, se apenas se centrarem na sua perspetiva.

Benjamin (2012) sugere que a avaliação de impactes se tem focado mais no modo como os profissionais implementam os programas, ou seja, na concretização do plano de atividades e nos resultados que daí advêm, em vez de na forma como trabalham com as famílias e os contextos. Embora aquela avaliação seja importante, apenas demonstra uma parte do trabalho desenvolvido. Aspetos relevantes da relação com as pessoas não são contemplados e muitas vezes são essenciais para alcançar bons resultados. Avaliar os resultados por referência ao plano de atividades pode mesmo descaracterizar o desempenho organizacional. Por exemplo, não reconhecer o trabalho dos profissionais na relação com as pessoas, significa que não se compreende de que forma a relação de ajuda afeta a eficácia dos programas, e não considerar os recursos externos que os profissionais mobilizam na resposta às necessidades sociais, significa que não se compreende como o sucesso alcançado pelas OTS depende, muitas vezes, de um sistema de suporte mais alargado.

Superar algumas das condicionantes associadas aos processos de avaliação pode passar pela *accountability* negociada com todos os *stakeholders*. Com os governos e financiadores, as OTS podem trabalhar no desenho de indicadores, modelos de relatório e sistemas de avaliação que sejam mutuamente benéficos. Tal significa reconsiderar a natureza das suas relações, ou seja, em vez de aumentar as relações de *accountability* enraizadas na teoria do principal agente, que enfatiza a auditoria, podem aumentá-las baseadas na qualidade do serviço, que enfatiza os direitos dos cidadãos. Alguns entrevistados do Centro Distrital de Aveiro do ISS, I.P., referiram que gostariam de desenvolver outro trabalho com as OTS, através de visitas mais regulares, da auscultação da comunidade e de reuniões de trabalho com os colaboradores e os parceiros, onde fosse possível discutir dados mais qualitativos.

> *"Eu acrescentaria uma abordagem mais direta aos próprios clientes, às famílias, mas isso necessitaria de mais tempo; e se calhar aprofundaria mais a articulação e o trabalho de equipa que nós temos com os colegas que têm ação direta, porque os colegas que estão no terreno acabam por ter uma ideia do funcionamento daquela instituição, da forma como a ação daquela instituição se reflete naquela comunidade, que é muito importante na avaliação. E eu acho que essa parte, às vezes, é um bocadinho descurada na nossa avaliação. Acabamos por nos centrar muito nas questões formais e por ter pouco tempo, pouca possibilidade de nos centrarmos mais na qualidade. Mesmo as questões da qualidade, acho que nem elas traduzem na realidade o serviço prestado. Como é que as pessoas sentem o serviço que lhes é prestado. E eu gostaria de ter indicadores que realmente nos permitissem avaliar mais qualitativamente, entre a ação das instituições e aquilo que as pessoas que dela beneficiam sentem. [...] Porque um dos grandes papéis das instituições e que deve ser valorizado é realmente a importância que têm dentro daquela comunidade."* CDSS, Profissional 8.

Alguns dos entrevistados do Centro Distrital demonstraram, na verdade, uma perspetiva crítica sobre a forma como se processa a avaliação da qualidade dos serviços prestados pelas OTS e o conteúdo da mesma, reforçando a necessidade de se envolverem outros atores neste processo e outros indicadores que permitam centrar-se numa dimensão mais substantiva da qualidade da intervenção. Porém, neste momento, referem não ter condições para o fazer por carência de recursos humanos. Ainda assim, reconhecem que o acompanhamento que desenvolvem já é uma evolução muito significativa e encaram o registo atual como fazendo parte de um processo que consideram que continuará a desenvolver-se, passando a abarcar processos de trabalho e dimensões (mais qualitativas), que até este momento não têm sido possíveis.

Com os parceiros, a *accountability* negociada ocorre quando existem acordos de cooperação formais, nos quais as atividades são planeadas, implementadas e avaliadas em conjunto. À exceção destes casos, é raro verificar-se a negociação de expectativas e do que pode ser entendido como sucesso na intervenção entre parceiros, nem a integração do seu parecer sobre a atividade organizacional na tomada de decisão.

"Se todos fossemos mais transparentes, se calhar os nossos pontos de vista e a nossa visão das coisas podia mais facilmente chegar aos outros e os outros podiam ou não apropriar-se delas. [...] Pensando em relações horizontais, sejam internas, sejam externas, qualquer tipo de articulação, quanto mais transparente ela for, é óbvio que isso contribui, à partida, para o sucesso da intervenção. Estamos todos em sintonia, definimos estratégias em conjunto... quanto mais isso existir, à partida, maior é o sucesso. Isso existe? Não existe na medida em que seria desejável que existisse. Eu lembro-me de termos pedido uma reunião de rede com diferentes serviços e houve serviços que se recusaram a estar presentes. Os técnicos ainda entendem muito estas reuniões como o estar a dar satisfações do seu trabalho aos colegas, quando não é isso que é pedido, nem é esse o objetivo. O objetivo é perceber o que é que já foi feito que não funcionou, mas também o que funcionou, e quais são os objetivos que têm que ser comuns aos vários serviços, porque se tivermos objetivos diferentes anda cada um para seu lado. E as famílias aqui, o mais provável é que desistam porque cada um lhes pede uma coisa diferente. E então chega!" IPSS A, profissional

Que razões poderão estar associadas a esta aparente resistência, por parte das OTS, em se abrirem ao escrutínio dos parceiros? Quais os seus impactes na qualidade do serviço prestado e no exercício dos direitos e liberdades dos cidadãos?

Primeiro, este dado sugere que existe uma falta de tradição de cooperação interinstitucional e que, por isso, as OTS, no seu conjunto, têm ainda um caminho a percorrer no sentido de consolidar uma verdadeira prática de trabalho em rede. Embora esta esteja presente no discurso, é através de exemplos como este que se verifica que nos aspetos mais sensíveis e fundamentais da intervenção, não parece existir, nos casos estudados, uma articulação concertada entre as instituições.

Segundo, as OTS detêm poderes muito desiguais no contexto onde atuam. Aquelas que gozam de maior prestígio e legitimidade social, dificilmente prescindem da sua margem de autonomia e tendem a impor os seus próprios interesses e objetivos. Além disso, poderá existir também alguma desconfiança entre si, autocracia e inflexibilidade, obstáculos que dificultam a negociação e a tomada coletiva de decisões.

Terceiro, os parceiros não se envolvem facilmente quando não existem pressupostos básicos para o trabalho em parceria, que passam pela adesão voluntária, pela consciência do seu papel coletivo e pela capacidade de participação efetiva.

Quarto, este modo de funcionamento pouco articulado pode ser influenciado pela própria lógica de desenvolvimento em que vivemos, que incentiva a concorrência em vez da colaboração, e que as OTS assimilam na luta pela sua sobrevivência.

Quinto, considerando que informação é poder, quanto mais informação for partilhada, também maior é o grau de poder partilhado, o que implica que uma maior abertura à participação dos *stakeholders* (parceiros e cidadãos) desafia formas de governação tradicionais.

Por último, o poder discricionário de cada instituição pode colocar em causa, em certas situações, os princípios de equidade e justiça social, pelo que, se existir uma maior transparência entre si e com os cidadãos, poderá verificar-se uma conduta mais ética e responsável na resposta às necessidades sociais e uma maior compreensão por parte dos *stakeholders* que acompanharam (ou que participaram) no processo de tomada de decisão. A *accountability* negociada com os cidadãos está assim relacionada com os processos de participação e será discutida no ponto a seguir.

No âmbito da avaliação, em investigações futuras, seria interessante:

i) analisar os processos de avaliação à luz dos vários modelos (do principal agente e da *accountability* mútua) para compreender como é que as OTS escolhem envolver-se na avaliação e de que forma utilizam a informação;

ii) explorar a importância da relação de ajuda para a eficácia da intervenção e para desenvolver estratégias que apoiem as OTS a integrar este trabalho no seu sistema de avaliação;

iii) explorar como decorrem os processos de *accountability* negociada com cada segmento de *stakeholders* (*i.e.*, governos e financiadores, parceiros e cidadãos/comunidade) e quais os seus impactes na eficácia da intervenção.

4.3.3 *Accountability* e participação, entre a retórica e a prática

A participação é reconhecida como um mecanismo importante para promover ações concertadas com as necessidades sociais, porém os dados empíricos sugerem que os mecanismos de *accountability* descendentes tendem a ser geridos de forma pouco sistémica e sistemática. É certo que estes precisam de ser cuidadosamente adaptados ao contexto específico em que se enquadram (*i.e.*, território, área de intervenção e atores envolvidos), mas existem alguns pressupostos transversais, ao nível das atitudes e *soft skills* dos profissionais que estão no terreno e das lideranças nas organizações, para terem a humildade e a coragem de escutar ativamente as partes interessadas e de partilhar o poder de decisão com as mesmas, ajudando as pessoas em situação de vulnerabilidade a restabelecer a sua confiança e autonomia. Por outro lado, também é necessário inscrever esta temática na agenda política e sensibilizar os agentes de governo e financiadores para que a importância destes processos seja devidamente considerada na definição das linhas estratégicas de intervenção a nível local e nacional. Esta discussão faz-nos antever a possibilidade de ocorrerem tensões intra e interorganizacionais ao nível dos valores e prioridades de ação, para a qual será necessário desenvolver processos de mediação construtivos entre os atores envolvidos (Kilby, 2006; Jacobs & Wilford, 2010; Murtaza, 2012).

Sarah Banks (2004; 2007; 2012) tem explorado a articulação entre os processos de *accountability* profissional e a ética e os valores inerentes à intervenção social. O termo *accountability* profissional reporta-se ao sentido interiorizado de responsabilidade pelo desempenho de determinadas funções e deveres, e à possibilidade de os profissionais serem chamados a "prestar contas" sobre as suas ações e comportamentos, seja com as suas hierarquias e pares (entre profissionais), seja com os cidadãos com quem intervêm. A honestidade, o diálogo aberto e a partilha de responsabilidades entre profissionais e entre estes e os cidadãos são assim dimensões fundamentais da intervenção social.

Na relação com os cidadãos, a tónica coloca-se na transparência, que implica informar os cidadãos sobre a razão do profissional estar envolvido no caso, qual a sua função e as possibilidades de ação. Ao mesmo tempo, implica escutar a perspetiva dos cidadãos e integrá-la na tomada de decisão, para que se trate de uma efetiva participação na intervenção social e do trabalho com, e não para, os cidadãos. A necessidade de restaurar estes valores, através da *accountability*, não tem tanto a ver com a crença que os profissionais têm neles, mas com a dificuldade que por vezes demonstram na sua interpretação e implementação, talvez por alguma herança paternalista ("o profissional é que sabe o que é melhor para as pessoas").

Considerando que a *accountability* não é propriamente uma questão nova na intervenção social, visto ser um pressuposto ético implícito, temos assistido nos últimos anos a uma espécie de reestruturação, que Banks (2004) designou de "*new accountability*" e que se traduz no desenvolvimento de procedimentos cada vez mais detalhados para a realização das tarefas e para a determinação de resultados a alcançar. Em consequência, a conduta dos profissionais passa a ser mais regulada pelas suas hierarquias e reduz-se o espaço para o exercício da discricionariedade do profissional na tomada de decisão.

Retomando a análise sobre os mecanismos de participação, verificou-se que, de acordo com a perspetiva dos profissionais entrevistados, tais processos conduziram a uma mudança positiva, produto da relação de maior abertura e transparência entre os profissionais e os cidadãos. Três dos entrevistados neste estudo consideraram que o processo de intervenção social tende a ser mais transparente e participado, dado que as pessoas são mais informadas (*e.g.*, sobre a natureza da sinalização do caso, sobre o conteúdo da informação social, sobre as opções disponíveis para o seu projeto de vida e sobre as consequências previstas à partida, consoante o caminho que escolherem seguir, isto é, no cumprimento do acordo), logo, à partida, reúnem melhores condições para participar.

> *"Por exemplo, com as famílias, a questão da transparência, eles têm que assinar o plano que é desenhado em conjunto com eles. Eles têm que assinar esse plano em como concordam com aquele objetivo, com aquela estratégia. As famílias participam mais na intervenção que é feita a par com elas. Logo acho que é tudo muito mais participativo e muito mais transparente do que no início. [...] Temos muito mais frutos, temos as famílias a confiar mais em nós"* IPSS A, profissional.

> *"No que diz respeito às pessoas idosas, agora é exigido que haja um plano individual de cada elemento que seja desenhado e perspetivado com ele. Aquilo que ele entende da frequência da resposta e aquilo que ele espera. Isso é avaliado, é registado e procura-se ir ao encontro daquilo que ele tem como expectativa da resposta. [...] Acho que é um momento rico para conhecermos melhor a pessoa e aquilo que ele nos transmite na relação familiar, como ele se vê enquanto idoso e como ele se vê neste espaço de partilha com os outros. É um momento em que ele tem oportunidade de só ele verbalizar o que acha que está bem, o que está mal e sugere. Por isso acho que é um bom momento."* IPSS C, profissional.

Porém, neste e noutros estudos (*e.g.*, O'Dwyer e Unerman, 2010; Leung, 2008), não foi possível compreender claramente de que forma se operacionaliza na prática o aumento da participação efetiva das pessoas, expresso na retórica dos documentos normativos e no discurso dos entrevistados. Ou seja, de que forma é transmitida a informação às pessoas e como é interpretada pelas mesmas? De que forma as suas propostas, que decorrem do processo de auscultação, são depois integradas na tomada de decisão?

Considerando que este não era o enfoque principal deste estudo e também que as pessoas que utilizam os serviços diariamente não foram entrevistadas, as conclusões a este nível são limitadas. Para investigações futuras que pretendam centrar-se em particular nos processos de *accountability* descendentes, considera-se que poderia ser interessante explorar o conteúdo que é transmitido às pessoas, qual a mensagem captada pelas mesmas, em que medida sentem que isso aumenta os seus direitos e liberdade de decisão, a que nível a sua participação é incentivada (*cf.* níveis de participação acima referidos), de que forma a sua opinião é integrada no processo de decisão e produz efeitos reais na sua vida.

Este aspeto remete-nos para a articulação entre os processos de *accountability* e a avaliação de resultados e impactes sociais. Benjamin (2013) sugere, precisamente, que uma forma de promover a *accountability* descendente passa pela medição dos efeitos/mudanças, pois estes relacionam-se com as pessoas que usufruem dos serviços das organizações, enquanto os *outputs* dizem respeito às atividades desenvolvidas. De acordo com a autora, muito do trabalho empírico sobre medição de resultados e do seu potencial para fortalecer a *accountability* descendente pode ser encontrada na literatura sobre gestão pública, associado aos pressupostos de transparência e alinhamento destas organizações com os interesses dos cidadãos. Dessa análise concluiu que se pode fortalecer a *accountability* descendente se se encorajar o envolvimento das pessoas na identificação e priorização dos resultados, e se as organizações reportarem o seu desempenho ao público-alvo de modo a permitir que estes coloquem questões sobre os serviços, tomem decisões mais informadas e conduzam as organizações a ajustar a sua capacidade de resposta aos seus interesses.

No entanto, Benjamin (2013) analisou 10 guias de medição de resultados[14] e identificou algumas limitações sobre o seu contributo para fortalecer a *accountability* descendente. Primeiro, não há uniformidade na concetualização dos beneficiários nem na forma como as OTS podem utilizar a medição de resultados com os beneficiários. Segundo, quando as OTS são contratualizadas para prestar determinados serviços, as ações e os resultados esperados são muitas vezes predefinidos, o que limita a margem disponível para a negociação com as partes interessadas. Além disso, quando não estão garantidas as condições para acolher as propostas dos *stakeholders* (em termos de prioridades de ação, capacidade operacional e recursos) corre-se o risco de promover processos de participação vazios de sentido e de gerar expectativas que depois não são atendidas (Hickey & Mohan, 2004; cit. por Benjamin, 2013). Terceiro, a medição de resultados exige tempo e recursos adicionais. Por último, todo o processo de análise de resultados deve ser claro e coerente: quem participa e como, o que deve ser mensurado, como se comunica os resultados e a quem, qual a articulação entre os níveis de satisfação das pessoas e o sentido de responsabilidade da organização para com o público que serve.

Os dados obtidos no presente estudo sugerem que as organizações têm desenvolvido vários esforços no sentido de promover cada vez mais a participação das respetivas partes interessadas. Todavia, é necessário aprofundar o conhecimento sobre estes processos, nomeadamente no que toca aos objetivos, ao conteúdo, à frequência, aos atores, à função e à forma como são experienciados pelas partes interessadas. Hester, van de Bovenkamp, Trappenburg e Grit (2009; cit por Wellens & Jegers, 2014) constataram que mesmo quando existem mecanismos de participação, estes nem sempre são experienciados pelos participantes como sendo "empoderantes". Processos meramente simbólicos e pouco consequentes podem ter efeitos contraditórios para a eficácia da intervenção, tais como

---

[14] *Balanced scorecard, United Way of America, Logic model, Outcomes funding framework, Results based accountability, Success measures, Scales and ladders/ROMA, Outcomes engineering/ results mapping, Targeting outcomes of programs, Urban institute key steps in outcome management.*

a descrença das pessoas no próprio processo e a ausência de mudanças significativas nas suas vidas.

Para colmatar algumas das fragilidades identificadas nos processos de participação, Wellens & Jegers (2014) sugerem que se deve reduzir as assimetrias de informação entre as partes interessadas e criar ambientes seguros e propícios à participação (por exemplo, através da sensibilização dos beneficiários e dos profissionais sobre a importância da participação). Jacobs e Wilford (2010) consideram ser possível promover os mecanismos de *accountability* descendentes de forma sistemática, através de processos de informação aos parceiros, público-alvo e comunidade sobre os seus direitos em relação à organização e sobre a sua atuação (planos, atividades e avaliação), bem como através da realização de encontros regulares com todas as partes interessadas e da recolha de *feedback* junto dos mesmos.

CONSIDERAÇÕES FINAIS

Começámos este trabalho por enquadrar as Organizações do Terceiro Setor, focando as suas especificidades e relevância para a defesa e efetivação da cidadania, para a representação de interesses sociopolíticos de grupos específicos e para a promoção do desenvolvimento social e económico a nível local, regional, nacional e mesmo internacional. Em seguida, ao refletirmos sobre a posição que as OTS ocupam na relação com o Estado, o Mercado e a Comunidade, procurámos contextualizar o quadro organizacional, histórico e político que está na base dos processos de *accountability* das Organizações do Terceiro Setor. Após analisarmos a pertinência desta discussão no contexto das OTS e de focarmos as múltiplas configurações que a mesma pode ter consoante o prisma de análise (*i.e.*, conceitos, modelos, perspetivas, abordagens e *stakeholders*), cumpre-nos agora refletir sobre possíveis desafios e oportunidades que se colocam neste âmbito.

A influência da política neoliberal, dos princípios da Nova Gestão Pública e do "managerialismo" nos pressupostos de *accountability* nas OTS pode obscurecer os seus princípios axiológicos de solidariedade e justiça social perante o forte enfoque na relação entre *inputs/outputs*, otimização de recursos, eficácia e eficiência. Porém, como tanto os processos que as OTS desenvolvem no sentido da criação de valor, como as dimensões por que avaliam o impacte das suas ações, são distintos das lógicas de funcionamento utilizadas pelo Estado e pelo Mercado, é necessário que estas mantenham o distanciamento crítico para não se desviarem da sua missão e criem os seus próprios mecanismos adequados às suas especificidades e necessidades. O risco de dissonância ética pode ocorrer quando a preocupação com a demonstração de resultados ao nível da eficiência atinge determinados níveis que começam a comprometer a prioridade que deve ser dada às necessidades dos públicos que sustentam a verdadeira razão de existir das OTS.

Na mesma linha, ocorre-nos a probabilidade de instrumentalização e capitalização dos processos de *accountability*. Nesta obra percebemos que existe uma tendência para o modelo de *accountability* funcional, onde a prioridade tende a ser dada aos interesses e expectativas dos *stakeholders* com mais poder de decisão política e financeira. Apesar de existirem diversas razões, como vimos, que podem explicar este cenário, procurámos salientar a importância de promover processos de *accountability* estratégicos centrados na missão das organizações em vez de subordiná-la às exigências das partes interessadas com mais poder de decisão e às vicissitudes do financiamento. Os processos de *accountability* devem ser um instrumento ao serviço da missão e não o inverso.

Esta discussão remete-nos para duas questões. Primeiro, até que ponto os processos de *accountability* promovem ou limitam a autonomia das OTS? Se falamos de envolver diversas partes interessadas nos processos das OTS (*e.g.*, planeamento, implementação e avaliação das suas atividades), é natural que uma parte da sua autonomia deva ser negociada para integrar os contributos dos *stakeholders*. Por outro lado, esta abertura por parte das organizações parece motivar, como vimos a partir do triângulo estratégico de Brown e Moore (2001), a uma maior legitimidade e apoio que, por sua vez, se convertem numa maior capacidade operacional e de criação de valor. Este apoio pressupõe um voto de confiança na atuação destas organizações que potencia a sua autonomia para prosseguirem a sua missão. A segunda questão prende-se com a necessidade de haver coerência e integridade entre o que as OTS fazem e comunicam. Não se pretende que os processos de *accountability* gerem clivagens, nem que sejam desprovidos de sentido. A opacidade em relação a resultados menos positivos pode ter várias implicações, nomeadamente na possível perpetuação de tais resultados dada a carência de uma reflexão aprofundada sobre as suas razões. Os resultados proporcionam feedback sobre as ações desenvolvidas e, como vimos, são influenciados por múltiplos fatores, muitos dos quais as OTS não conseguem controlar, como o desempenho macroeconómico do país e a atuação de outros *stakeholders* que direta ou indiretamente influem na sua atuação. Portanto, o principal enfoque deve ser colocado no processo e nos esforços mobilizados para prosseguir a missão e não na mera quantificação de resultados, até porque estes, em última análise, devem ser sempre discutidos e negociados com as partes interessadas.

A comunicação e negociação com os *stakeholders* remete-nos para a questão da participação. Ao longo deste trabalho referimos a necessidade de os envolver com propósitos distintos, em diferentes momentos e de diversas formas. Tais processos permitem: i) aos colaboradores e parceiros, aprender em rede, partilhar recursos e estabelecer redes de interesses comuns, abrindo novas possibilidades à inovação; ii) aos governos, doadores e financiadores, compreender o contexto de ação das OTS e o modo como os recursos investidos estão a ser mobilizados; iii) aos cidadãos e comunidades, partilhar o que sabem, sentem e percebem, as suas opiniões, as suas implicações e o que esperam das iniciativas, que embora seja um elemento de *accountability* crucial, ainda é pouco explorado em termos operacionais, exigindo novas formas de implicação e de reconstrução do espaço público deliberativo essencial à própria legitimação e preservação sustentável e inovadora das OTS, no presente e no futuro. Quando discutimos os mecanismos de *accountability*, referimos algumas vias para a promoção da participação, mas estas não se esgotam nos exemplos apresentados. Formas alternativas, como o teatro, a música, a arte e o *storytelling*, podem ser equacionadas para envolver as partes interessadas.

Por último, os processos de *accountability* também promovem a *advocacy* e governação. Primeiro, pela estreita relação que as OTS estabelecem quer com os cidadãos quer com as estruturas de tomada de decisão política e financeira, desempenham um papel crucial para a representação e defesa dos interesses dos cidadãos, e para o desenvolvimento de respostas mais concretas e consentâneas com as necessidades e expectativas das populações que servem. As OTS, enquanto militantes e fornecedoras de serviços, devem informar o Estado sobre as prioridades de ação e sobre os impactes das políticas e assim participar nas várias fases do processo político, contribuindo desta forma para o aprofundamento dos direitos sociais. Segundo, a negociação constante que pressupõem com as partes interessadas sobre as prioridades de ação, o seu planeamento, implementação e avaliação, abre espaço à confiança e reciprocidade entre os diversos atores, ao alinhamento dos seus interesses e à governação. Apesar das suas diferenças, no que toca ao seu propósito e papel, às suas perspetivas sobre o desenvolvimento e ao poder que detêm, as quais podem obviamente colocar desafios e tensões, parece-nos que capacitar os *stakeholders* para dialogar e negociar sobre os seus interesses e expectativas se reveste de uma experiência profícua para todos os envolvidos que terá influência no funcionamento das próprias organizações.

No intuito de sistematizar aquelas que nos parecem ser as principais conclusões deste trabalho, propomos um esquema (Figura 12) que procura representar a teia de relações existente entre as OTS e as partes interessadas, os mecanismos utilizados, os processos que promovem e a que níveis.

Figura 12 - Sistema de Accountability

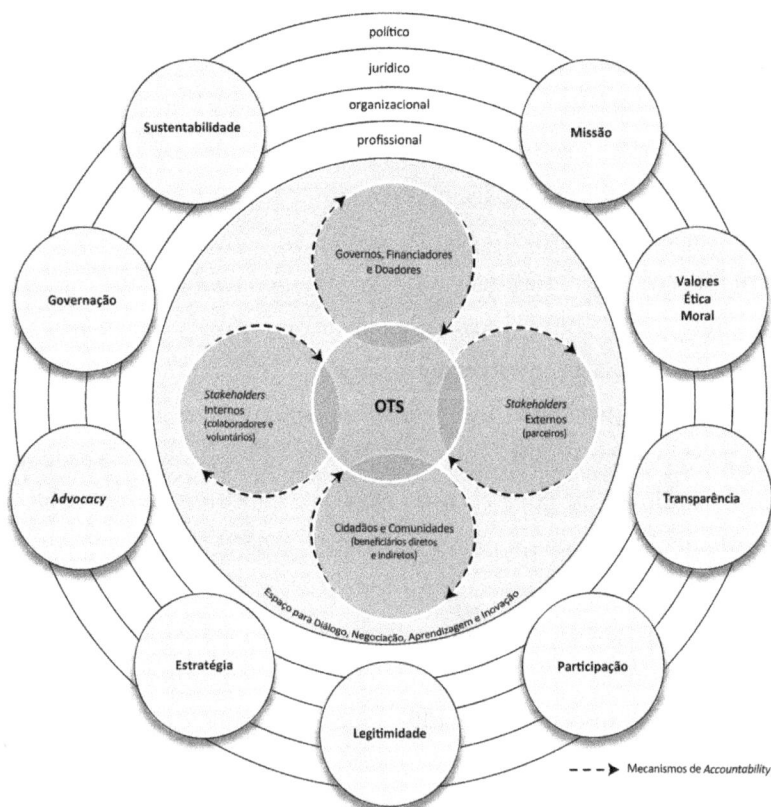

Fonte: elaboração das autoras

A interação entre os atores expressa nos mecanismos de *accountability* possibilita um espaço de diálogo, negociação, aprendizagem e inovação, que pode fortalecer a capacidade das OTS para promoverem a sua missão. O apelo ao desenvolvimento dos processos de *accountability* das OTS parece-nos que será uma tendência crescente e esta pode ser a base de um dos caminhos possíveis.

POSFÁCIO

Começámos a obra por referir que este produto decorre de um percurso iniciado em 2010. Desde então, o trabalho aqui apresentado foi desenvolvido em estreita articulação com um conjunto de pessoas, entre diretores e profissionais de Organizações do Terceiro Setor, técnicos do Centro Distrital de Aveiro do Instituto de Segurança Social, I.P., investigadores e estudantes. O primeiro momento serviu para a recolha de dados empíricos, o segundo para a discussão conjunta dos resultados obtidos, promovendo desta forma uma espiral de questionamento e aprendizagem.

Reconhecendo o contributo exímio de cada pessoa que fez parte deste percurso, sabemos, no entanto, que este foi um trabalho exploratório que ambiciona ser aprofundado. Na expectativa de chegar a mais partes interessadas, convidamos o Leitor a dar o próximo passo: Como é que podemos desenvolver coletivamente mecanismos que promovam a *accountability* estratégica nas Organizações do Terceiro Setor?

Esperamos que esta obra possa ser um instrumento útil para a reflexão sobre os processos de *accountability* nas Organizações do Terceiro Setor, mas acima de tudo uma inspiração para o seu desenvolvimento.

BIBLIOGRAFIA

Andreasen, A. R. & Kotler, Ph. (2003). *Strategic Marketing for Nonprofit Organizations*. New York: Prentice Hall.

Alexander, C. (2010). The Third Sector. In: Hart, K.; Laville, J. & Cattani, A. (eds). *The Human Economy: a citizen's guide*. Cambridge: Policy Press.

Almeida, V. (2011a). *As Instituições Particulares de Solidariedade Social: Governação e Terceiro Sector*. Coimbra: Editora Almedina.

Almeida, V. (2011b). Estado, mercado e terceiro setor: A redefinição das regras do jogo. *Revista Crítica de Ciências Sociais*, n° 94, 85-104.

Andrade, A. & Franco, R. (2007). *Economia do Conhecimento e Organizações sem Fins Lucrativos*. Porto: SPI-Sociedade Portuguesa de Inovação

Andrews, A. (2014). Downward *Accountability* in Unequal Alliances: Explaining NGO Responses to Zapatista Demands. *World Development*. 54, 99–113.

Anheier, H. (2005). *Nonprofit organizations: theory, management, policy*. London: Routledge

Arnstein, S. (1969). A Ladder of Participation. *Journal of the American Institute of Planners*. 35(4), 216-224.

Aronson, J. & Smith, K. (2011). Identity Work and Critical Social Service Management: Balancing on a Tightrope? *British Journal of Social Work*. 41, 432-448.

Azevedo, C. (2013). *Manual de Governo: o desafio da liderança nas Organizações do Terceiro Setor em Portugal*. Porto: Impulso Positivo.

Balser, D. & McClusky, J. (2005). Managing Stakeholder Relationships and Nonprofit Organization Effectiveness. *Nonprofit Management & Leadership*. 15(3), 295-315.

Banks, S. (2004). *Ethics, Accountability and the Social Professions*. Basingstoke: Palgrave Macmillan.

Banks, S. (2007). Between Equity and Empathy: Social Professions and New *Accountability*. *Social Work & Society*. 5, 11-22.

Banks, S. (2012). Negotiating personal engagement and professional *accountability*: professional wisdom and ethics work. *European Journal of Social Work*. 1-18.

Bell, J., Masaoka, J. & Zimmerman, S. (2010). *Nonprofit Sustainability. Making strategic decisions for financial viability*. San Francisco: Jossey-Bass Books.

Benjamin, L. & Misra, K. (2006). Doing Good Work: Implications of Performance *Accountability* for Practice in the Nonprofit Sector. *International Journal of Rural Management*. 2(2) 147-162.

Benjamin, L. (2008). Account Space: How accountability requirements shape nonprofit practice. *Nonprofit and voluntary sector quarterly*. 37(2) 201-223.

Benjamin, L. (2012). Nonprofit Organizations and Outcome Measurement: From Tracking Program Activities to Focusing on Frontline Work. *American Journal of Evaluation* 33(3) 431-447.

Benjamin, L. (2013). The Potential of Outcome Measurement for Strengthening Nonprofits' *Accountability* to Beneficiaries. *Nonprofit and Voluntary Sector Quarterly*. 42(6) 1224--1244

Bies, A. (2010). Evolution of Nonprofit Self-Regulation in Europe. *Nonprofit and Voluntary Sector Quarterly*. 39(6) 1057–1086.

Blom, B. & Morén, S. (2012). The evaluation of quality in social-work practice. *Nordic Journal of Social Research*. 3, 1-17.

Bovens, M. (2010). Two Concepts of *Accountability*: *Accountability* as Virtue and as a Mechanism. *West European Politics*. 33(5), 946-967.

Brodkin, E. (2008). *Accountability* in Street-Level Organizations. *International Journal of Public Administration*. 31, 317-336.

Brown, L. & Moore, M. (2001). *Accountability*, Strategy, and International Non-Governmental Organizations. *Nonprofit and Voluntary Sector Quarterly*. 30(3), 569-587.

Brown, L. & Troutt, E. (2007). Reporting does not equal *accountability*! The importance of funding characteristics and Process on *Accountability*. *International Journal of Public Administration*, 30(2), 209-225.

Brown, L. & Jagadananda (2007). *Civil Society Legitimacy and Accountability: Issues and Challenges*. CIVICUS and Hauser Center for Nonprofit Organisations.

Brown, L., Moore, M. & Honan, J. (2004). Building Strategic *Accountability* Systems for International NGOs. *Accountability Forum*. 1(2), 31-43.

Bryant, C. (2007). Evaluation and *accountability* in emergency relief. In: Ebrahim, A. [*et al.*] (ed.). *Global Accountabilities: participation, pluralism, and public ethics* (p. 168--192). New York: Cambridge University Press.

Bryson, J. (2004). *Strategic planning for public and nonprofit organizations: a guide to strengthening and sustaining organizational achievement* (3rd ed.). San Francisco: Jossey-Bass.

Campbell, D. (2002). Outcomes Assessment and the Paradox of Nonprofit *Accountability*. *Nonprofit Management & Leadership*. 12(3), 243-259.

Candler, G. & Dumont, G. (2010). A non-profit *accountability* Framework. *Canadian Public Administration/Administration Publique*. 53(2), 259-279.

Carman, J. (2010). The *accountability* movement: what's wrong with this theory of change? *Nonprofit and Voluntary Sector Quartely*. 39(2), 256-274.

Carman, J. (2011). Understanding evaluation in Nonprofit Organizations. *Public Performance & Management Review*. 34(3), 350-377.

Carreira, H. (1996). "As Políticas Sociais em Portugal", In Barreto, A. (Org.). *A Situação Social em Portugal 1960-1995* (p. 365-498). Lisboa: Instituto de Ciências Sociais.

Carvalho, J. & Filipe, J. (2010). *Manual de Estratégia. Conceitos, prática e roteiro*. Lisboa: Edições Sílabo.

Cavil, S. & Sohail, M. (2007). Increasing strategic *accountability*: a framework for international NGOs. *Development in Practice*. 17(2), 231-248.

Chaves, R. & Monzón, J. (2007). *A Economia Social na União Europeia - Síntese,* International Center of Research and Information on the Public and Cooperative Economy (CIRIEC) e Comité Económico e Social Europeu. Disponível em: http://www.eesc.europa.eu/groups/3/index_en.asp?id=1405GR03EN.

Chew, C. (2009). *Strategic Positioning in Voluntary and Charitable Organizations*. New York: Routledge.

Christensen, R. & Ebrahim, A. (2006). How does *Accountability* Affect Mission? The Case of a Nonprofit Serving Immigrants and Refugees. *Nonprofit Management & Leadership*. 17(2), 195-209.

Clark, C. (2005). The Deprofessionalisation Thesis, *Accountability* and Professional Character. *Social Work & Society*. 3(2), 182-190.

Costa, E.; Ramus, T. & Andreaus, M. (2011). *Accountability* as a Managerial Tool in Non-Profit Organizations: Evidence from Italian CSVs. *Voluntas*. 22(3), 470-493.

Coutinho, C. (2011). *Metodologias de investigação em Ciências Sociais e Humanas: teoria e prática*. 2ª reimpressão. Coimbra: Almedina.

Crack, A. (2013). Language, listening and learning: critically reflective *accountability* for INGOs. *International Review of Administrative Sciences*. 79(4), 809-828.

Cutt, J. & Murray, V. (2000). *Accountability and Effectiveness in Non-Profit Organizations*. London: Routledge.

DiMaggio, P. & Powell, W. (1983). The Iron Cage Revisited: Institutional Isomorphism and Collective Rationality. *American Economic Review*, 48(2), 147-160.

Doyle, L. (2005). Nonprofit Board *Accountability*: a Literature Review and Critique. *SPNA Review*. 1(1), 27-37.

Drucker, P. (1989). What Business Can Learn from Nonprofits. *Harvard Business Review*. 67(4), 88-93.

Ebrahim, A. & Rangan, V. (2010b). The Limits of Nonprofit Impact: A Contingency Framework for Measuring Social Performance. *Working Paper 10-099*. Harvard Business School.

Ebrahim, A. (2003a). *Accountability* in Practice: Mechanisms for NGOs. *World Development*. 31(5), 813-829.

Ebrahim, A. (2003b). Making Sense of *Accountability*: Conceptual Perspectives for Northern and Southern Nonprofits. *Nonprofit Management & Leadership*. 14(2), 191-212.

Ebrahim, A. (2005). *Accountability* Myopia: Losing Sight of Organizational Learning. *Nonprofit and Voluntary Sector Quartely*. 34(1), 56-87.

Ebrahim, A. (2009). Placing the Normative Logics of *Accountability* in "Thick" Perspective. *American Behavioral Scientist*. 52(6), 885-904.

Ebrahim, A. (2010a). The Many Faces of Nonprofit *Accountability*. *Working Paper 10-069*. Harvard Business School.

Edwards, M. & Hulme, D. (Eds.) (1995). *Non-Governmental Organisations – Performance and Accountability: Beyond the Magic Bullet*. London: Earthscan.

Evers, A. (2010). Welfare. In: Hart, K.; Laville, J. & Cattani, A. (eds). *The Human Economy: a citizen's guide*. Cambridge: Policy Press.

Evers, A. & Laville, J. (2004). *The Third Sector in Europe*. Cheltenham/Northampton: Edward Elgar.

Ferreira, S. (2005). O que tem de especial o empreendedor social? O perfil de emprego do empresário social em Portugal. *Oficina do CES, 223*.

Ferreira, S. (2009). Terceiro Sector. In: Cattani, A.; Gaiger, L.; Hespanha, P. & Laville, J. (org.). *Dicionário Internacional da Outra Economia*. Coimbra: Almedina, 322-327.

Fowler, A. (1995). Assessing NGO Performance: Difficulties, Dilemmas and a Way Ahead. In: Edwards, M. & Hulme, D. (Eds.) *Non-Governmental Organisations – Performance and Accountability: Beyond the Magic Bullet*. London: Earthscan.

Franco, R. (2004). *A ética e as Organizações da Sociedade Civil. A questão da prestação de contas ("accountability") no terceiro sector.* Acedido em: http://www.ces.uc.pt/lab2004/inscricao/pdfs/painel9/cfranco.pdf

Franco, R. (2010). Mission. In: Anheier, H.; Toepler, S. & List, R. (eds). *International Encyclopedia of Civil Society.* New York: Springer.

Franco, R.C. *et al.* (2005). *O sector não lucrativo português numa perspectiva comparada.* Universidade Católica Portuguesa e Johns Hopkins University.

Garvin, D.; Edmondson, A. e Gino, F. (2008). Is Yours a Learning Organization?. *Harvard Business Review.* 86(3), 1-11.

Gharleghi, E., Nikbakht, F. & Bahar, G. (2011). A Survey of Relationship Between the Characteristics of Mission Statement and Organizational Performance. *Research Journal of Business Management.* 5(3), 117-124.

Guijt, I. (2010). *Accountability* and learning: exploding the Myth of Incompatibility between *Accountability* and Learning. In: Ulbels, J.; Fowler, A. and Acquaye-Baddoo, N. (eds). *Capacity Development in Practice.* Earthscan.

Hamschmidt, J. & Pirson, M. (2011). Case Studies in Social Entrepreneurship and Sustainability. Oikos Collection, Vol 2. Acedido em: http://www.oikos-international.org/fileadmin/oikos-international/international/Case_Collection/Case_Book/oikos_cases_volume2_flyer.pdf [22 November 2013].

Hardina, D. (2011). Are Social Service Managers Encouraging Consumer Participation in Decision Making in Organizations? *Administration in Social Work,* 35(2), 117-137.

Hespanha, P., *et al.* (2000). *Entre o Estado e o Mercado. As fragilidades das Instituições de Protecção Social em Portugal.* Coimbra: Quarteto.

Hjörne, E.; Juhila, K. & Nijnatten, C. (2010). Negotiating dilemmas in the practices of street--level welfare work. *International Journal of Social Welfare.* 1-7.

INE, I.P. & CASES (2010). *Conta Satélite da Economia Social: 2010.* Acedido em: www.ine.pt

Jacobs, A. & Wilford, R. (2010). Listen First: a Pilot System for Managing Downward *Accountability* in NGO. *Development in Practice.* 20(7), 797-811.

Jäger, U. (2010). *Managing Social Businesses: Mission, Governance, Strategy and Accountability.* Basingstoke: Palgrave MacMillan.

Jeantet, T. (2003). *A economia social europeia: em tudo a democracia.* Lisboa: Poseidon.

Jordan, L. (2005). Mechanisms for NGO *Accountability. GPPI Research Paper Series* No.3, Global Public Policy Institute, Berlin, Germany.

Jordan, L. (2007). A rights-based approach to *accountability.* In: Ebrahim, Alnoor [*et al.*] (2007). *Global Accountabilities: participation, pluralism, and public ethics* (p. 151-167) New York: Cambridge University Press. ISBN 9780511341519

Kearns, K. (1994). The Strategic Management of *Accountability* in Nonprofit Organizations: An Analytical Framework. *Public Administration Review.* 54(2), 185-192.

Kilby, P. (2006). *Accountability* for Empowerment: Dilemmas Facing Non-Governmental Organizations. *World Development,* 34(6), 951-963.

Kim, S. & Lee, J. (2010). Impact of Competing *Accountability* Requirements on Perceived Work Performance. *The American Review of Public Administration.* 40(1), 100-118.

Kirk, G. & Nolan, S. (2010). Nonprofit Mission Statement Focus and Financial Performance. *Nonprofit Management and Leadership.* 20(4), 473-490.

Kooiman, J. (2003). *Governing as Governance.* London: Sage Publications

Laville, J.-L. & Borzaga, C., *et al.* (1999). *Third System: a European Definition*. Paper produced in the course of the research project "The enterprises and organizations of the third system. A strategic challenge for employment" in the framework of the pilot action "Third System and Employment" of the European Commission.

Leung, T. (2008). *Accountability* to welfare service users: Challenges and responses of services providers. *British Journal of Social Work*. 38(3), 531-545

Lewis, D. (2001). *The Management of Non-Governmental Development Organizations*. London: Routledge.

Light, M. (2011). *Results Now for Nonprofit: Purpose, Strategy, Operations, and Governance*. Hoboken: John Wiley & Sons, inc

Lymbery, M. & Butler, S. (coord.) (2004). *Social Work Ideals & Practice Realities*. New York: Palgrave Macmillan.

Lynch-Cerullo, K. & Cooney, K. (2011). Moving from Outputs to Outcomes: A Review of the Evolution of Performance Measurement in the Human Service Nonprofit Sector. *Administration in Social Work*. 35(4), 364–388.

Lopes, M. (2012). Cultura Organizacional e avaliação no Terceiro Sector. VII congresso português de Sociologia. Universidade do Porto. Porto. 1-13.

McDonald, R. (2007). An Investigation of Innovation in Nonprofit Organizations: The Role of Organizational Mission. *Nonprofit and Voluntary Sector Quarterly*. 36(2), 256-281.

Minkoff, D. & Powell, W. (2006). Nonprofit Mission: Constancy, Responsiveness or Deflection? In: Powell, W. & Steinberg, R. (Eds). *The nonprofit sector: A research handbook*. 2nd, pp. 591-611. New Haven: Yale University Press.

Moore, M. (2000). Managing for Value: Organizational Strategy in For-Profit, Nonprofit, and Governmental Organizations. *Nonprofit and Voluntary Sector Quarterly*. 29(1), 183-204.

Morrison, J. & Salipante, P. (2007). Governance for Broadened *Accountability*: Blending Deliberate and Emergent Strategizing. *Nonprofit and Voluntary Sector Quarterly*. 36(2), 195-217.

Murtaza, N. (2012). Putting the Lasts First: The Case for Community-Focused and Peer--Managed NGO *Accountability* Mechanisms. *Voluntas*. 23,109–125.

Namorado, R. (1999). "Cooperativismo e Política Social em Portugal", in Barros, Carlos Pestana; Gomes, José (Orgs.). *Cooperativismo, Emprego e Economia Social em Portugal*. Lisboa: Vulgata.

Nicholls, A. (2009). 'We do good things, don't we do?': 'Blended Value Accounting' in Social Entrepreneurship. *Accounting, Organizations and Society*. 34, 755-769.

Ninacs, W. (1995). Empowerment et service social: approches et enjeux. *Service Social*. 44(1), 69-93.

O'Dwyer, B. & Unerman, J. (2010). Enhancing the role of *accountability* in promoting the rights of beneficiaries of development NGOs. *Accounting and Business Research*. 40(5), 451-471.

OECD (2003). *The Nonprofit Sector in a Changing Economy*. Bruxelas: OECD.

Oghojafor, B.; Olayemi, A. & Okonji, P. (2011). Enhancing Organization's Performance Through Effective Vision and Mission. *Chinese Business Review*. 10(11), 1071-1075.

Ormiston, J. & Seymour, R. (2011). Understanding Value Creation in Social Entrepreneurship: The Importance of Aligning Mission, Strategy and Impact Measurement. *Journal of Social Entrepreneurship*. 2(2), 125-150.

Ospina, S.; Diaz, W. & O'Sullivan, J. (2002). Negotiating *Accountability*: Managerial Lessons from Identity-Based Nonprofit Organizations. *Nonprofit and Voluntary Sector Quartely*. 31(1), 5-31.

Parente, C. (2006). Conceitos de Mudança e Aprendizagem Organizacional: Contributos para a análise da produção de saberes. *Sociologia, Problemas e Práticas*. 50, 89-108.

Parente, C. (coord.). Empreendedorismo Social: dos Conceitos às Escolas de Fundamentação. As configurações de um conceito em construção. *Work in progress*.

Patton, M. (1990). *Qualitative evaluation and research methods*. Beverly Hills, CA: Sage.

Quintão, C. (2011). O Terceiro Setor e a sua renovação em Portugal. Uma abordagem preliminar. Porto: Universidade do Porto, Instituto de Sociologia, *IS Working Papers*, 2ª Série, n°2, 1-18.

Ruch, G. (2005). Relationship-Based Practice and Reflective Practice. Holistic Approaches to Contemporary Child Care Social Work. *Child and Family Social Work*. 10, 111-123.

Ruch, G.; Turney, D. & Ward, A. (eds) (2010). *Relationship-based Social Work: Getting to the Heart of Practice*. London: Jessica Kingsley Publishers.

Salamon, L. *et al.* (1999). *Global Civil Society. Dimensions of the Nonprofit Sector*. The Johns Hopkins Comparative Nonprofit Sector Project. Baltimore, MD: The Johns Hopkins Center for Civil Society Studies.

Santos, B. (1999). A Reinvenção Solidária e Participativa do Estado. *Oficina do CES*, 134.

Sawhill, J. & Williamson, D. (2001). Mission Impossible? Measuring Success in Nonprofit Organizations. *Nonprofit Management and Leadership*. 11, 317-386.

Sheehan, R. (1996). Mission Accomplishment as Philanthropic Organization Effectiveness: Key Findings from the Excellence in Philanthropy Project. *Nonprofit and Voluntary Sector Quarterly*. 25(1), 110-123.

Soares, C.; Fialho, J.; Chau, F.; Gageiro, J. & Pestana, H. (s.d.). A Economia Social e a sua Sustentabilidade como Factor de Inclusão Social. Acedido em: http://www.poatfse.qren.pt/upload/docs/Diversos/ESTUDOS/Relatorio%20Final.pdf

Sousa, L.; Hespanha, P.; Rodrigues, S. & Grilo, P. (2007). *Famílias Pobres: Desafios à Intervenção Social*. Lisboa: Climepsi Editores.

Sowa, J.; Selden, S. & College, L. (2004). No Longer Unmeasurable? A Multidimensional Integrated Model of Nonprofit Organizational Effectiveness. *Nonprofit and Voluntary Sector Quarterly*. 33(4), 711-728.

Szporluk, M. (2009). A Framework for Understanding Accountability of International NGOs and Global Good Governance. *Indiana Journal of Global Legal Studies*. 16, 1, 339-361

Tritter, J. & McCallum, A. (2006). The snakes and ladders of user involvement: Moving beyond Arnstein. *Health Policy*. 76, 156–168.

Vieira, C. (1999). A credibilidade da investigação científica de natureza qualitativa: questões relativas à sua fidelidade e validade. Revista Portuguesa de Pedagogia, Ano XXXIII, 2, 89-116.

Volkmann, C.; Tokarski, K. & Ernst, K. (Eds.) (2012). *Social Entrepreneurship and Social Business: An Introduction and Discussion with Case Studies*. Wiesbaden: Springer.

Walker, P. (2002). Understanding *Accountability*: Theoretical Models and their Implications for Social Service Organizations. *Social Policy & Administration*. 36, 1, 62-75.

Warren, J. (2007). *Service User and Carer Participation in Social Work*. Glasgow: Learning Matters Ltd

Wellens, L. & Jegers, M. (2014). Beneficiary participation as an instrument of downward *accountability*: a multiple case study. *European Management Journal*.

Williams, A. & Taylor, J. (2012). Resolving *Accountability* Ambiguity in Nonprofit Organizations. *VOLUNTAS: International Journal of Voluntary and Nonprofit Organizations*.

Word, J.; Stream, C. & Lukasiak, K. (2011). What Cannot be Counted: Ethics, Innovation, and Evaluation in the Delivery of Public Services. *The Innovation Journal: The Public Sector Innovation Journal*. 16(2), 1-17.

Yong, D. (2002). The Influence of Business on Nonprofit Organizations and the Complexity of Nonprofit *Accountability*: Looking Inside as Well as Outside. *American Review of Public Administration*. 32(1), 3-19.

Young, R. (2006). For What it is Worth: Social Value and the Future of Social Entrepreneurship. Em: Nicholls, A. (ed.), *Social Entrepreneurship: New Models of Sustainable Social Change*. (pp.56-73) Oxford: Oxford University Press.